KB196005

최소한의 문해력

최소한의 문해력

초등에서 고등까지 한 번에 잡는 문해력(1단계 제1권)

[최소한의 교양지식®] 시리즈 No.02

지은이 | 국밥연구소
발행인 | 홍종남

2025년 2월 21일 1판 1쇄 인쇄
2025년 2월 28일 1판 1쇄 발행

이 책을 만든 사람들
기획 | 홍종남
북 디자인 | 김효정
출판 마케팅 | 김경아
경영 지원 | 홍종남
제목 | 구산책이름연구소
책임 교정 | 이홍림
교정 | 주경숙, 김윤지

종이 및 인쇄 제작 파트너
JPC 정동수 대표, 천일문화사 유재상 실장

펴낸곳 | 행복한미래
출판등록 | 2011년 4월 5일. 제 399-2011-000013호
주소 | 경기도 남양주시 도농로 34, 301동 301호(다산동, 플루리움)
전화 | 02-337-8958 팩스 | 031-556-8951
홈페이지 | www.bookeditor.co.kr
도서 문의(출판사 e-mail) | ahasaram@hanmail.net
내용 문의(지은이 e-mail) | gookbaab@gmail.com
※ 이 책을 읽다가 궁금한 점이 있을 때는 지은이 이메일을 이용해 주세요.

ISBN 979-11-86463-74-1 (73710)
〈행복한미래〉 도서번호 : 105

※ [최소한의 교양지식®] 시리즈는 〈행복한미래〉 출판사의 초·중·고 학습법 브랜드입니다.

6+1 전략 : 낭독, 필사, 읽기, 독해, 어휘, 쓰기+교과연계

| 국밥연구소 지음 |

최소한의 문해력

초등에서 고등까지 한 번에 잡는 문해력

1단계 제1권

力

초등 3~4학년 필必독서

초등 교육과정 연계

1일 30분 30일 완성

행복한미래

기존 문해력 학습지의 문제점

❶ 많은 학습지가 어휘력과 문해력을 같은 것으로 착각하고 있습니다.

문해력을 내세운 학습지 중 상당수가 '어휘 학습' 중심으로 구성되어 있습니다. 물론 어휘력이 늘면 문해력이 향상되긴 하지만, 문해력 부족은 어휘력만으로 해결하지 못합니다.

❷ 국어 학습지 방식의 문제풀이는 문해력을 길러주지 못합니다.

문제 풀이식 문해력 학습지는 글을 읽고 중심 소재와 문장 찾기, 빈칸 채우기와 같은 방식으로 구성되어 있습니다. 그런데 문해력이 부족한 아이들은 이러한 문제를 바로 풀기 어려워합니다. 문제 풀이로는 문해력을 기르지 못합니다.

❸ 기존 학습지는 한두 가지 방식으로만 문해력 학습을 시킵니다.

문해력을 기르려면 읽기, 쓰기, 어휘, 문맥 파악 등 언어생활 모든 영역에서 자극이 있어야 합니다. 한두 가지 영역으로만 접근하면 문해력이 제대로 향상되지 않습니다.

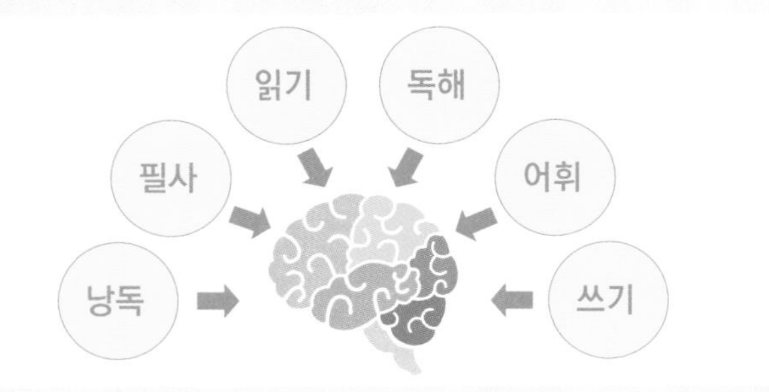

❹ 문해력 학습지에 실린 글이 재미가 없고, 교과과정과 동떨어져 있습니다.

글이 재미있으면 집중하게 되고, 집중하면 문해력이 자신도 모르게 향상됩니다. 교과과정은 발달단계에 맞게 과학적으로 설계되어 있으므로 이에 맞는 글을 읽어야 합니다.

하루 30분 『최소한의 문해력』 학습법

1. 과학적이고 체계적인 문해력 향상 프로그램입니다.

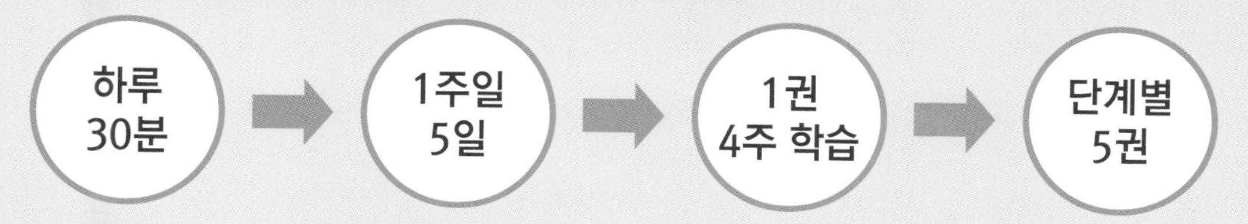

2. 문해력 향상에 필요한 다면적인 능력을 자극합니다.

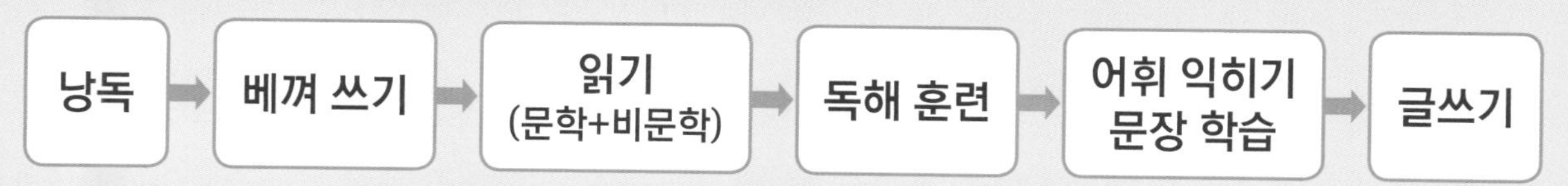

3. 문학과 비문학 지문을 균형 있게 배치했습니다.

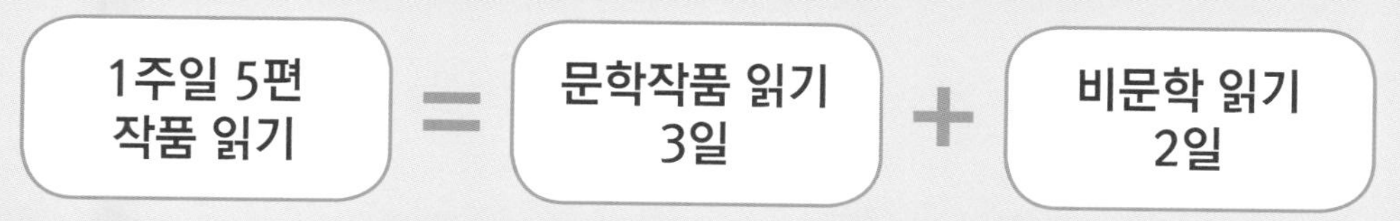

4. 재미있는 이야기(문학 작품)를 단계별로 심화하며 읽습니다.

- **월** 즐겁고 재미있는 이야기가 실린 작품의 앞부분을 읽습니다.
- **화** 월요일과 같은 작품으로 이야기의 뒷부분을 읽습니다.
- **수** 월, 화에 읽은 작품과 내용은 같지만 어려운 어휘로 축약된 형태의 이야기를 다시 읽으며 문해력을 기릅니다.

5. 초등 4~6학년 사회/과학 교과서의 내용(비문학)을 재구성해 쓴 글을 읽으며 교과서의 지문을 이해하는 힘을 기릅니다.

- **목** 초등 4~6학년 과학교과 영역에 속하는 내용의 글을 읽습니다.
- **금** 초등 4~6학년 사회교과 영역에 속하는 내용의 글을 읽습니다.

6. '한자음'의 뜻을 활용한 과학적인 어휘 학습법으로 어휘력을 키웁니다.
7. 같은 뜻, 다른 표현의 문장으로 문장 이해력을 기릅니다.
8. 빠르고 효과적인 글쓰기 훈련법으로 글쓰기 자신감과 실력을 키워줍니다.

문해력을 키우는 여섯 가지 학습법

1. 낭독, 문해력의 토대 쌓기

낭독은 소리 내어 읽는 것으로, 문해력의 토대를 다지는 방법입니다. 낭독이 문해력의 토대가 되는 까닭은 소리와 함께 정보를 입력하면 두뇌가 훨씬 활성화되기 때문입니다. 글을 낭독하면, 눈으로 보고 소리로 들으면서 정보를 받아들이게 됩니다. 즉 두뇌에 세 가지 자극이 가해지므로 눈으로만 읽는 것보다 훨씬 두뇌가 활성화됩니다. 유아기 아이들이 처음 언어를 익힐 때 글자를 눈으로만 익힌다고 생각해 보세요. 아마 제대로 언어를 익히지 못할 것입니다. 언어는 눈과 귀와 입을 모두 사용하여 습득하는 것입니다.

낭독은 집중력도 높여줍니다. 눈으로 읽으면 한 가지 감각만을 사용하게 되므로, 읽기를 잘하지 못하는 아이들은 곧 지겨워하거나 잡생각에 빠져듭니다. 그러나 소리 내어 읽으면 눈과 귀와 입을 움직이기 때문에 다른 생각이 끼어들 틈이 훨씬 줄어듭니다. 더구나 목소리에 변화를 주면서 실감 나게 읽으면 지루할 틈이 없지요. 그렇게 해서 집중력이 오르면 당연히 학습 효과도 크게 향상됩니다.

무엇보다 낭독은 표현력과 발표력을 길러줍니다. 문해력이 부족한 아이들은 다양한 표현을 쓰지 못합니다. 대부분 늘 쓰던 말만 반복해서 사용하는 등 표현력이 떨어집니다. 표현력을 키우려면 다양한 어휘와 표현을 익혀야 합니다. 글을 낭독하면 새로운 단어와 표현을 입으로 자연스럽게 연습하게 되어 표현력이 향상됩니다. 꾸준히 반복하여 낭독을 연습하면 남들 앞에서 발표하는 힘도 기를 수 있습니다.

옛 선비들이 오늘날의 학생들보다 특별히 머리가 좋지는 않았습니다. 그러나 당시 평범한 선비들도 5년 정도만 공부하면 대부분 한문을 자유롭게 읽고 썼습니다. 선비들이 한문을 익히는 방법의 핵심도 낭독이었습니다. 한문을 배우는 첫 순간부터 꾸준하게 낭독하였기에 5년이면 한문을 자유롭게 사용하는 수준에 도달했던 것입니다.

트로이 유적을 발견한 하인리히 슐리만은 15개 언어를 자유롭게 쓰는 언어 천재였습니다. 그가 언어를 익히는 핵심 방법도 바로 낭독이었다고 합니다. 슐리만은 하나의 언어를 배우는 데 짧게는 6주, 길게는 6개월밖에 걸리지 않았는데, 한 권의 책을 완벽하게 습득할 때까지 낭독하고 또 낭독했다고 합니다.

낭독하는 요령

- 적절하게 끊어 읽기를 해야 합니다.
- 내용에 맞게 감정을 담아야 합니다.
- 너무 빠르거나 느리게 읽지 않고 자연스러운 속도로 읽어야 합니다.
- 지도하는 분이 시범을 보이고 따라 읽게 하거나, 번갈아 읽는 것도 좋은 방법입니다.

2. 베껴 쓰기의 힘

언어 능력은 듣기, 말하기, 읽기, 쓰기로 이루어집니다. 이 네 영역 중에서 문해력이 약한 아이들에게 가장 부족한 부분이 바로 '쓰기' 영역입니다. 말솜씨를 키우려면 다양한 분야의 주제로 많은 이야기를 나눠야 하듯이, 글솜씨를 키우려면 다양한 표현을 사용해 '늘' 써야 합니다. 반복해서 쓰다 보면 글솜씨는 자연스럽게 향상됩니다.

어린 시절 아이는 부모를 비롯한 사람들의 말을 듣고 말을 배웁니다. 처음엔 흉내를 내고, 익숙해지면 자신이 이해해서 사용하지요. 글쓰기도 마찬가지입니다. 처음엔 모방해서 써야 합니다. 모방은 학습의 출발점입니다. 많은 문장가들이 베껴 쓰기(필사)로 문장력을 길렀습니다. 좋은 문장을 베껴 쓰다 보면 물이 스펀지에 스며들 듯이, 어느새 그 문장이 자신의 것이 되기 때문입니다. 그래서 날마다 베껴 쓰기를 하면서 글솜씨를 길러야 합니다.

필사하는 요령

- 문장을 조용하게 읊으면서 쓰면 좋습니다.
- 다 필사한 뒤에는 마치 자신이 쓴 글처럼 낭독해 봅니다.

3. 긴 글 읽기

이야기가 있는 글을 읽을 때는 '상상력'을 발휘해야 합니다. 머릿속에서 글을 동영상으로 바꾸며 읽는 것이죠. 그래야 글이 생생하게 살아나고, 재미를 느끼게 됩니다. 또한 등장인물의 감정과 생각은 어떨지 떠올려 보며 읽어야 합니다. 슬픔, 기쁨, 분노, 짜증, 안타까움 등의 감정을 실제 자신이 느끼는 것처럼 떠올리세요. 등장인물의 생각이 나오면 그 생각이 왜 나왔는지, 그 생각은 적절한지 등을 따지며 읽어야 합니다. 다 읽은 뒤에는 줄거리가 기억나야 합니다.

읽는 힘이 부족한 아이에게는 지도하는 분이 낭독해 주거나, 한 문장이나 한 단락씩 아이와 번갈아 읽어도 좋습니다. 읽을 때 인물이 느끼는 감정이나 생각을 일부러 확인시켜 주면서 읽으면 아이가 글을 이해하는 데 도움이 됩니다. 한 번에 이해하지 못한다면 두세 번 반복해서 읽어야 합니다.

지식과 정보를 전달하는 글(비문학)은 글의 흐름을 기억하며 읽어야 합니다. 비문학은 일정한 흐름에 따라 지식이나 생각을 전달합니다. 흐름을 기억하면 글이 훨씬 쉽게 이해됩니다. 다 읽은 뒤에는 글에 담긴 지식을 자기 머리로 떠올려 봐야 합니다. 글을 안 본 채로 이러저러한 내용이 있었다는 식으로 말해보는 것이죠. 한 번에 이해가 안 되면 여러 번 반복해서 읽어야 합니다.

글 읽는 요령

- 문학 : 영상이나 만화를 보듯이 장면을 상상하며 읽는다.
  등장인물의 감정을 떠올리며 읽는다.
  인물의 생각과 감정에 대해 서로 대화를 나누며 읽는다.
- 비문학 : 글의 흐름을 기억하며 읽는다.
  다 읽은 뒤에 자기 입으로 글에 실린 지식을 설명해 본다.
- 공통 : 이해가 안 되면 여러 번 반복해서 읽는다.

4. 질문과 답을 통해 이해력 키우기

내용을 이해했는지 알려면 질문해야 합니다. 질문과 답은 흔히 시험을 볼 때 사용하는 방법입니다. 그런데 시험은 단순히 실력을 확인하는 과정이 아니라, 그 자체로 실력을 향상하는 과정입니다. 인간은 시험이라는 긴장 속에서 실력이 크게 늘게 됩니다. 운동선수는 실전을 치르면서 더욱 크게 성장합니다. 그래서 내용을 확인하는 질문은 문해력 검증이 아니라, 문해력을 키우는 데 도움이 되도록 해야 합니다. 그러기 위해서는 세 가지 원칙을 지켜야 합니다.

첫째, 객관식이나 단답식으로 답하게 하는 질문보다 서술형으로 답하게 하는 질문이 좋습니다. 서술형으로 답하는 질문이어야 질문받는 이가 깊이 생각하고, 문장으로 정리해 답하면서 문해력이 향상되기 때문입니다.

둘째, 질문은 이야기의 중심 내용과 관련이 있는 대목에 초점을 맞추어야 합니다. 어떤 이들은 아주 사소한 부분에서 질문을 뽑아서 문제를 내는 경우가 있는데, 이는 바람직한 질문법이 아닙니다. 문해력 공부에서 질문은 '실력 검증'이 아니라 '실력 향상'이 목적이라는 것을 잊지 마세요.

셋째, 답을 할 때는 주어와 서술어를 모두 넣어서 문장으로 완성해서 쓰게 해야 합니다. 문장으로 답해야 문해력과 사고력이 길러집니다. 아이가 문장을 완성하는 걸 힘들어하면 지도하는 분이 시범을 보여주어도 좋습니다.

5. 어휘 학습법

아이들이 어려움을 겪는 어휘력의 핵심은 한자어입니다. 어려운 한자어가 나열된 글을 읽으면 이게 우리말이긴 한데 도대체 무슨 뜻인지 전혀 감을 잡지 못합니다. 학생들 대부분에게 어휘의 한계는 곧 한자어로 된 우리말의 한계입니다.

그렇다면 한자어 어휘의 한계를 극복하기 위해 한자를 공부해야 할까요? 물론 한자를 공부하면 도움이 되겠지만, 제대로 익히기에는 한자의 양이 너무 많습니다. 어휘력을 기르기 위해 그 많은 한자를 다 공부할 수는 없는 노릇입니다.

한자어 어휘력을 익힐 때 중요한 것은 한자 공부가 아니라 한자어에 사용된 '음'의 뜻을 익히고 활용하는 능력입니다. 학생들은 이미 많은 한자어를 사용합니다. 기존에 알고 있는 한자어의 음을 바탕으로 새로운 한자어를 익히는 건 한자어 어휘를 확장하는 가장 좋은 방법입니다.

한자는 뜻글자입니다. 그래서 같은 뜻을 지닌 한자를 다양하게 사용합니다. 붙는다는 뜻의 '착(着)'을 예로 들어볼까요? '착'을 사용한 단어는 대략 다음과 같습니다.

'착'으로 끝나는 말 – **봉착, 선착, 불시착, 탄착, 패착, 애착, 종착, 교착, 압착, 토착, 흡착, 귀착, 유착, 집착, 정착, 접착, 도착, 안착, 고착, 부착, 안착…….**

'착'으로 시작하는 말 – **착의, 착복, 착석, 착수, 착지, 착공, 착색, 착륙…….**

'착(着)'이 주로 '붙다'라는 뜻으로 사용되는 걸 안다면 '착'이 쓰인 단어의 뜻을 미루어 짐작할 수 있습니다.

한자음 '통'은 어떨까요? '통'에는 여러 가지 뜻이 있습니다.

'큰 줄기'를 뜻하는 통(統) – 통일 | '통하다'는 뜻의 통(通) – 교통, 통신 | '아프다'는 뜻의 통(痛) – 통증, 진통

'통'에는 이렇게 다양한 뜻이 있기에 '통'이란 음이 나오면 이 셋 중에서 어떤 뜻과 가까운지 판단해야 합니다. '도통'이란 낱말은 무슨 뜻일까요? 도통의 통은 통일의 통이나, 통증의 통과는 잘 안 어울리는 느낌이 듭니다. 도통의 '도'가 '길이나 이치'를 뜻하기 때문이죠. 그러니 도통의 통은 '통하다'일 가능성이 높습니다.

도통 = 길/이치 + 통하다'

이 정도로 뜻이 드러나면 도통의 정확한 사전적 뜻은 몰라도 문장에서 사용되는 의미를 이해할 수 있습니다. (한자의 음을 활용한 자세한 학습법은『국어어휘력 만점공부법 시작은 한자다』를 참고하세요.)

어휘 학습에서는 어휘를 문장과 함께 익히는 게 중요합니다.
유아기에 언어를 습득하는 과정을 떠올려 보세요. 유아기에 아이들의 어휘는 폭발적으로 늘어납니다. 인생의 그 어떤 시기도 이때만큼 폭발적으로 어휘를 습득하지는 못합니다. 유아들은 사전을 찾아가며 어휘를 익히지 않습니다. 대화와 상황과 이야기 속에서 자연스럽게 단어의 뜻을 받아들이고 익힙니다. 어휘는 앞뒤 맥락 속에서 익히는 것이지, 한 단어로 익히는 게 아니기 때문입니다. 우리가 알고 있는 어휘들을 생각해 보세요. 일상생활에서 늘 사용하는 어휘도 그 뜻을 물어보면 정확한 뜻을 모르는 경우가 정말 많습니다. 그렇지만 그 어휘를 사용하거나 문장을 이해하는 데에는 아무런 문제가 없습니다.

그래서 이 책에서는 한자어 음을 활용한 어휘 습득과 문장의 맥락 속에서 어휘를 익히는 훈련을 반복하도록 구성했습니다. 이 책을 통해 익힌 어휘 학습법을 계속 사용한다면 어휘력 부족으로 독해를 제대로 하지 못하는 어려움은 겪지 않을 것입니다.

6. 거침없이 쓰기: 글솜씨를 키우는 가장 빠른 방법

쓰기는 문해력의 꽃입니다. 문해력을 완성하려면 쓰기 실력을 키워야 합니다. 그리고 글쓰기 실력을 키우는 핵심 비법은 '거침없이 쓰기'입니다.

거침없이 쓰기란 말 그대로 아무 생각 없이, 정확히는 생각을 비우고, 손 가는 대로 아주 빠르게 쓰는 것입니다. 학교에서는 다르게 가르치죠. 미리 글감을 떠올리고, 글을 어떻게 쓸지 계획을 세운 뒤, 꼼꼼하게 문장을 구성하면서 쓰라고 합니다. 문장 하나하나에도 심혈을 기울이고, 글을 구성에 맞게 쓰려고 노력해야 한다고 말하죠. 글쓰기와 관련된 책들도 대부분 그런 식으로 글쓰기를 하라고 가르칩니다.
미리 계획하고, 짜임새 있게 글을 쓰라고 하면 많은 이들이 머리를 쥐어뜯으며 글을 씁니다. 어떤 이는 힘들어하다가 포기해 버리기도 하죠. 오랫동안 글을 쓴 사람에게도 완벽하게 계획해서 글을 쓰는 것은 쉬운 일이 아닙니다. 세상 살아가는 일도 그렇죠. 계획한 대로 이루어지면 좋지만, 그렇게 살기는 쉽지 않습니다. 글쓰기도 세상 살아가는 일 가운데 하나입니다. 다를 리 없죠.

계획해서 쓰는 것이 쉽지 않기도 하지만, 그보다 더 중요한 점은 거침없이 쓰는 것이 훨씬 효과적인 글쓰기 방법이라는 사실입니다. 거침없이 쓰다 보면 자기 마음에서 떠오르는 생각을 거침없이 풀어놓게 됩니다. 무의식 속에 떠오르는 생각들도 용기 있게 꺼내놓게 됩니다. 다른 사람의 목소리가 아니라 자기 내면에 울려 퍼지는 진리에 귀를 기울이게 됩니다.

거침없이 쓰기는 의식이 아니라 무의식에 뿌리를 둔 글쓰기입니다. 의식보다 무의식이 훨씬 깊고 풍부하며 창의성이 넘치기 때문에, 무의식에 기반한 '거침없이 쓰기'는 의식에 기반한 '계획하며 쓰기'보다 훨씬 뛰어난 글을 쓰게 만듭니다.

거침없이 쓰기를 해야 하는 또 다른 이유는 글쓰기에 대한 공포를 덜어주기 때문입니다. 말 그대로 거침없이 쓰기 때문에 잘 써야 할 이유가 없습니다. 거침없이 쓰기는 평가에 마음을 두지 않고, 잘 쓰겠다는 마음도 버리기 때문에 두려움이 사라집니다. 그냥 빠르게, 길게 쓰기만 하면 됩니다. 그밖에는 아무런 제약이 없습니다.
그렇기에 평소에 글쓰기를 두려워하는 학생이나 원고지 1장을 채우기 힘들어하는 학생도 거침없이 쓰기를 하면 대략 5분에서 6분 사이에 원고지 500자를 거뜬히 채웁니다. 10분을 주면 학생들 대부분이 원고지 800~1,000자를 써냅니다. 보통 학교에서 시키는 글쓰기가 원고지 600자에서 1,000자 분량인 걸 고려하면 거침없이 쓰기가 얼마나 대단한 방법인지 감이 올 것입니다. 물론 어른들은 더 자유롭고 편하게 긴 글을 써냅니다.
이제까지 거침없이 쓰기에 깔린 원리를 알려드렸으니, 다음으로는 지켜야 할 규칙을 알려드리겠습니다. 본인이 하든, 자녀나 학생을 가르칠 때 하든 원리는 똑같습니다.

거침없이 쓰기의 규칙

① 날마다 씁니다. 날마다 일정한 시간을 내어 꾸준히 씁니다.

② 써야 할 분량이나 시간을 정해두고 씁니다.

– 분량 기준 : 채워야 할 원고지 양을 정해놓고 씁니다.

– 시간 기준 : 일정한 시간을 정해두고 빠르게 씁니다.

③ 주제나 소재, 단어를 정합니다. 어떤 글감을 어떻게 쓸지는 마음대로 정해도 됩니다.

– 이 책에서는 본문의 내용과 관련이 있는 주제어를 제시했습니다.

④ 글을 쓰기 전, 1분 이내로 잠깐 생각합니다. 너무 많이 계획하지 말고, 앞부분에 쓸 내용만 잠깐 떠올리면 됩니다.

⑤ 글을 쓸 때 시간을 잽니다. 스마트폰의 스톱워치 앱을 이용해도 됩니다.

⑥ 글을 쓸 때는 처음부터 끝까지 빠르게 씁니다. 주제나 소재, 어휘에 맞는 내용으로 빠르고 자유롭게 씁니다. 가장 중요한 목표는 최대한 빨리, 빈 칸을 끝까지 채우는 것입니다.

⑦ 지우개를 쓰지 않습니다. 틀리면 필기구로 찍~ 긋고 그 위에 다시 쓰면 됩니다.

– 지우개를 쓰면 시간이 늦어지고, 멈칫거리게 됩니다.
틀려도 고치지 말고 그냥 쓰세요.

⑧ 글을 쓰는 도중에 자기가 앞부분에 무엇을 썼는지 읽지 않습니다. 그 순간 떠오르는 대로 씁니다. 글의 흐름이 이상하게 뒤틀려도 괜찮습니다. 거침없이 쓰기에서 이상한 글이란 없습니다. 빠르게, 자신이 알아보게 쓰기만 하면 됩니다.

⑨ 중간에 문단 나누기를 하지 않고 쭉 이어서 씁니다. 물론 띄어쓰기는 제대로 해야 합니다.

⑩ 다 쓰고 나면 걸린 시간을 적습니다. 그리고 한 번 쭉 읽으면서 못 알아보는 낱말은 고치고, 조금 어색한 표현은 부드럽게 다듬습니다.

⑪ 다 쓰고 나면 반드시 소리 내어 읽습니다. 낭독을 하면 자신의 문장 습관이 있는 그대로 드러나고, 어떤 부분을 고쳐야 할지 스스로 알게 됩니다. 물론 깨달았다고 해서 이미 쓴 글을 다시 고칠 필요는 없습니다. 다음에는 더 잘 써야지, 하고 결심만 하면 됩니다.

⑫ 글을 잘 썼느니 못 썼느니 하고 평가하지 않습니다. 당연히 이렇게 저렇게 고치라는 첨삭도 하지 마세요. 소리 내어 읽고 재밌거나 인상 깊은 부분에 대해 가볍게 대화를 나누고 넘어가면 됩니다. 기록을 세우면 작은 상을 주어도 좋습니다.

이 책의 구성과 활용법

♥ 『최소한의 문해력』은 문해력을 길러주는 학습지입니다.

♥ 1일 30분, 일주일에 5회 학습합니다.

♥ 1일 학습은 총 6단계로 이루어져 있습니다.

♥ 낭독하기 ⇨ 베껴 쓰기 ⇨ 긴 글 읽기 ⇨ 내용 이해하기 ⇨ 어휘와 문장 ⇨ 거침없이 쓰기

Step 1. 낭독하기

♥ 글을 시각과 청각으로 함께 받아들이면 자극이 다양해져서 언어 학습에 도움이 됩니다.

♥ 낭독할 때는 적절하게 끊어서 또박또박 읽어야 합니다.

♥ 낭독하기에 실린 글은 계속 이어지는 이야기입니다.

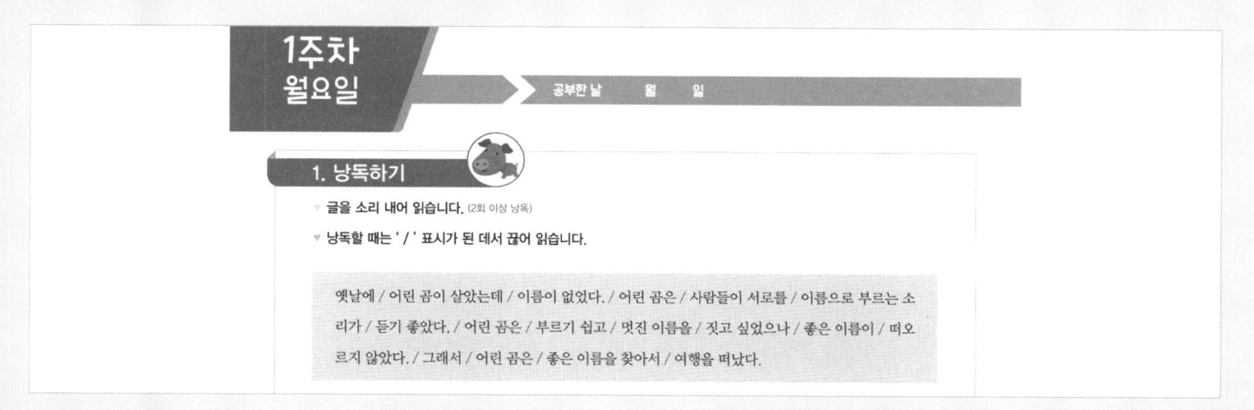

1주차 월요일

공부한 날 월 일

1. 낭독하기

- 글을 소리 내어 읽습니다. (2회 이상 낭독)
- 낭독할 때는 '/' 표시가 된 데서 끊어 읽습니다.

옛날에 / 어린 곰이 살았는데 / 이름이 없었다. / 어린 곰은 / 사람들이 서로를 / 이름으로 부르는 소리가 / 듣기 좋았다. / 어린 곰은 / 부르기 쉽고 / 멋진 이름을 / 짓고 싶었으나 / 좋은 이름이 / 떠오르지 않았다. / 그래서 / 어린 곰은 / 좋은 이름을 찾아서 / 여행을 떠났다.

Step 2. 베껴 쓰기

♥ 언어 학습은 모방에서 출발하므로, 베껴 쓰기는 좋은 언어 학습 방법입니다.

♥ 소리 내어 읽고, 손으로 쓰면 뇌에 가해지는 자극이 늘어나 문해력이 더 잘 길러집니다.

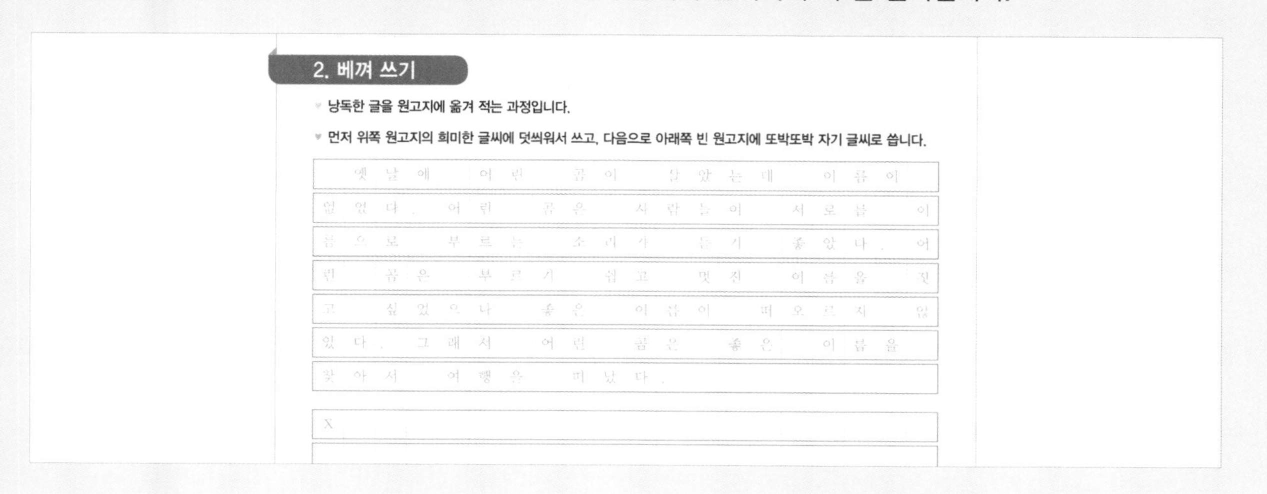

2. 베껴 쓰기

- 낭독한 글을 원고지에 옮겨 적는 과정입니다.
- 먼저 위쪽 원고지의 희미한 글씨에 덧씌워서 쓰고, 다음으로 아래쪽 빈 원고지에 또박또박 자기 글씨로 씁니다.

옛날에 어린 곰이 살았는데 이름이
없었다. 어린 곰은 사람들이 서로를 이
름으로 부르는 소리가 듣기 좋았다. 어
린 곰은 부르기 쉽고 멋진 이름을 짓
고 싶었으나 좋은 이름이 떠오르지 않
았다. 그래서 어린 곰은 좋은 이름을
찾아서 여행을 떠났다.

Step 3. 긴 글 읽기

- 문해력 훈련을 위해 글을 읽는 과정입니다.
- 문해력이 부족한 경우 같은 글을 여러 번 반복해서 읽는 게 좋습니다.
- 월~수는 문학이고, 목~금은 비문학입니다.
- 문학 지문에서 월, 화요일의 글은 이어지는 이야기로 쉬운 어휘로 썼고, 수요일의 글은 월, 화요일의 이야기를 축약해서 어려운 어휘로 썼습니다. 같은 이야기를 다른 어휘와 표현으로 읽는 훈련을 통해 문해력과 어휘력을 기르도록 했습니다.

문학 지문
- 1단계는 재미있는 창작동화
- 2단계는 아동 고전문학 작품
- 3단계는 청소년 소설 작품

비문학 지문
- 초등학교 교과서에 수록된 지식을 바탕으로 구성
- 과학, 철학, 역사, 사회, 예술, 정보통신 등 다양한 분야의 지식 수록

3. 긴 글 읽기

- 실제 눈으로 보고, 귀로 듣는 것처럼 장면을 상상하며 읽으세요.
- 줄거리의 흐름을 기억하며 읽으세요.
- 등장인물의 감정과 생각이 무엇일지 떠올리며 읽으세요.

나는 연필이다. 나는 요즘 무척 괴롭다. 왜냐하면 내 주인이 나를 쉼 없이 괴롭히기 때문이다. 내 주인은 문제를 풀다가 툭하면 연필심을 짓뭉갠다. 그나마 종이에 박히면 괜찮은데, 책상에 짓뭉갤 때면 혹시 연필심이 부러질까 봐 두렵다. 문제가 틀리면 내 몸과 머리를 입으로 물어뜯는다. 그 바람에 몸통 곳곳이 푹푹 패이고, 머리는 뜯겨서 엉망이다. 그뿐 아니다. 짜증이 심하게 날 때면 나를 집어던지기도 한다. 그럴 때면 몸이 부서질까 봐 무섭다.

그날도 주인에게 시달리다 필통으로 돌아왔더니 지우개가 나에게 따지듯이 말을 걸었다.

"너, 나랑 얘기 좀 해."

"나 힘들어. 할 얘기 있으면 나중에 해."

쉬고 싶어서 지우개를 피해 몸을 돌렸다.

"야, 너, 나한테 왜 그랬어?"

지우개는 잔뜩 짜증 난 말투로 말했다.

"왜 그래? 나 힘들다고 했잖아."

"넌 그냥 힘들겠지만, 난 너 때문에 몸에 구멍이 뚫렸단 말이야."

그 말에 깜짝 놀랐다. 몸을 돌려 지우개의 몸을 살폈다. 정말 지우개의 몸 한가운데에 작은 구멍이 뚫려 있었다. 구멍에는 연필 자국도 잔뜩 묻어 있었다.

Step 4. 내용 이해하기

- 방금 읽은 글의 내용을 파악했는지 확인하는 과정입니다.
- 하나의 문장으로 답을 쓰는 방식이, 객관식으로 고르는 방식보다 글을 이해하는 힘을 기르는 데 더 좋습니다.

Step 5. 어휘와 문장

♥ 어휘력이 풍부해야 글을 잘 이해할 수 있습니다.

♥ 어휘는 암기가 아니라 문장 속에서 맥락으로 익혀야 합니다.

♥ 우리 말 어휘에서 핵심은 '한자어'입니다.

한자어를 익힐 때 한자의 '음'을 이용하면 효과적으로 어휘를 확장할 수 있습니다.

* 한자의 음을 활용한 자세한 학습법은 『국어어휘력 만점공부법 시작은 한자다』(행복한나무)를 참고하세요.

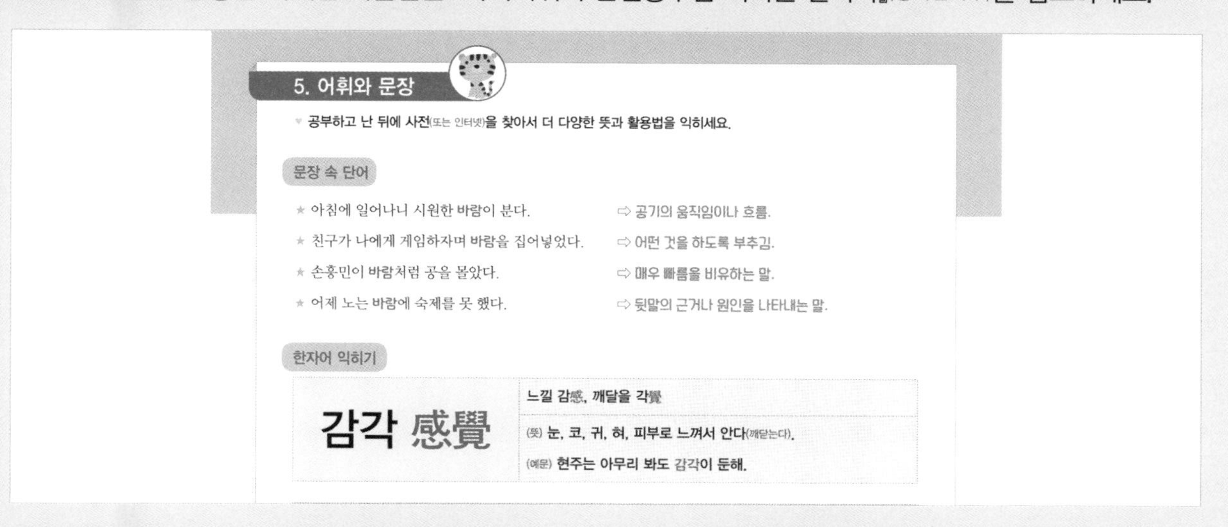

5. 어휘와 문장

공부하고 난 뒤에 사전(또는 인터넷)을 찾아서 더 다양한 뜻과 활용법을 익히세요.

문장 속 단어

★ 아침에 일어나니 시원한 바람이 분다. ⇨ 공기의 움직임이나 흐름.

★ 친구가 나에게 게임하자며 바람을 집어넣었다. ⇨ 어떤 것을 하도록 부추김.

★ 손흥민이 바람처럼 공을 몰았다. ⇨ 매우 빠름을 비유하는 말.

★ 어제 노는 바람에 숙제를 못 했다. ⇨ 뒷말의 근거나 원인을 나타내는 말.

한자어 익히기

감각 感覺	느낄 감感, 깨달을 각覺
	(뜻) 눈, 코, 귀, 혀, 피부로 느껴서 안다(깨닫는다). (예문) 현주는 아무리 봐도 감각이 둔해.

Step 6. 거침없이 쓰기

♥ 문해력을 키우려면 반드시 글을 써야 합니다.

♥ 이 책 『최소한의 문해력』에서는 기존의 글쓰기 방식과는 전혀 다른 글쓰기 방식을 사용합니다.

자세한 훈련법은 '거침없이 쓰기'와 관련한 설명을 참조하세요.

글쓰기 훈련을 하기 전에 반드시 설명을 여러 번 읽기 바랍니다.

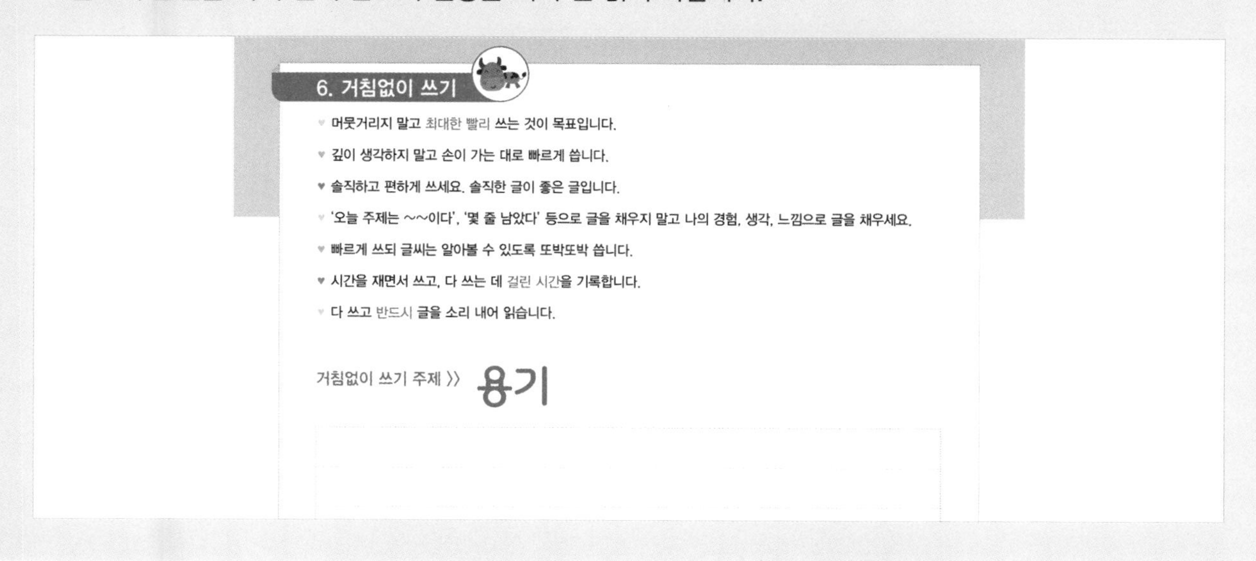

6. 거침없이 쓰기

♥ 머뭇거리지 말고 최대한 빨리 쓰는 것이 목표입니다.

♥ 깊이 생각하지 말고 손이 가는 대로 빠르게 씁니다.

♥ 솔직하고 편하게 쓰세요. 솔직한 글이 좋은 글입니다.

♥ '오늘 주제는 ~~이다', '몇 줄 남았다' 등으로 글을 채우지 말고 나의 경험, 생각, 느낌으로 글을 채우세요.

♥ 빠르게 쓰되 글씨는 알아볼 수 있도록 또박또박 씁니다.

♥ 시간을 재면서 쓰고, 다 쓰는 데 걸린 시간을 기록합니다.

♥ 다 쓰고 반드시 글을 소리 내어 읽습니다.

거침없이 쓰기 주제 〉〉 용기

차례

초등고학년 1단계 제1권

첫째 주

책과 친해지는 방법 ①

최소한 한 달에 한 권은 책을 삽니다.

책을 사려면 책을 살펴야 하고, 좋은 책을 고르다 보면 책을 보는 안목이 생깁니다. 돈을 들이면 그만큼 애정이 가고, 책꽂이에 꽂아두면 나중에라도 읽게 됩니다. 책과 친해지는 으뜸 방법은 책을 읽을 아이가 직접 서점에 방문해 스스로 골라서 책을 사는 것입니다.

1주차 월요일

공부한 날 월 일

1. 낭독하기

♥ 글을 소리 내어 읽습니다. (2회 이상 낭독)

♥ 낭독할 때는 ' / ' 표시가 된 데서 끊어 읽습니다.

옛날에 / 어린 곰이 살았는데 / 이름이 없었다. / 어린 곰은 / 사람들이 서로를 / 이름으로 부르는 소리가 / 듣기 좋았다. / 어린 곰은 / 부르기 쉽고 / 멋진 이름을 / 짓고 싶었으나 / 좋은 이름이 / 떠오르지 않았다. / 그래서 / 어린 곰은 / 좋은 이름을 찾아서 / 여행을 떠났다.

2. 베껴 쓰기

♥ 낭독한 글을 원고지에 옮겨 적는 과정입니다.

♥ 먼저 위쪽 원고지의 희미한 글씨에 덧씌워서 쓰고, 다음으로 아래쪽 빈 원고지에 또박또박 자기 글씨로 씁니다.

 옛날에 어린 곰이 살았는데 이름이
없었다. 어린 곰은 사람들이 서로를 이
름으로 부르는 소리가 듣기 좋았다. 어
린 곰은 부르기 쉽고 멋진 이름을 짓
고 싶었으나 좋은 이름이 떠오르지 않
았다. 그래서 어린 곰은 좋은 이름을
찾아서 여행을 떠났다.

X

3. 긴 글 읽기

- 실제 눈으로 보고, 귀로 듣는 것처럼 장면을 상상하며 읽으세요.
- 줄거리의 흐름을 기억하며 읽으세요.
- 등장인물의 감정과 생각이 무엇일지 떠올리며 읽으세요.

나는 연필이다. 나는 요즘 무척 괴롭다. 왜냐하면 내 주인이 나를 쉼 없이 괴롭히기 때문이다. 내 주인은 문제를 풀다가 툭하면 연필심을 짓뭉갠다. 그나마 종이에 박히면 괜찮은데, 책상에 짓뭉갤 때면 혹시 연필심이 부러질까 봐 두렵다. 문제가 틀리면 내 몸과 머리를 입으로 물어뜯는다. 그 **바람**에 몸통 곳곳이 푹푹 패이고, 머리는 뜯겨서 엉망이다. 그뿐 아니다. 짜증이 심하게 날 때면 나를 집어던지기도 한다. 그럴 때면 몸이 부서질까 봐 무섭다.

그날도 주인에게 시달리다 필통으로 돌아왔더니 지우개가 나에게 따지듯이 말을 걸었다.

"너, 나랑 얘기 좀 해."

"나 힘들어. 할 얘기 있으면 나중에 해."

쉬고 싶어서 지우개를 피해 몸을 돌렸다.

"야, 너, 나한테 왜 그랬어?"

지우개는 잔뜩 짜증 난 말투로 말했다.

"왜 그래? 나 힘들다고 했잖아."

"넌 그냥 힘들겠지만, 난 너 때문에 몸에 구멍이 뚫렸단 말이야."

그 말에 깜짝 놀랐다. 몸을 돌려 지우개의 몸을 살폈다. 정말 지우개의 몸 한가운데에 작은 구멍이 뚫려 있었다. 구멍에는 연필 자국도 잔뜩 묻어 있었다.

"어떻게 된 거야?"

"네가 그래놓고 왜 모른 척해?"

"내가 그랬다고? 내가 언제……."

그러다 어떤 기억이 떠올랐다. 주인이 문제를 풀다가 나를 어떤 곳에 꽂고 세게 돌렸다. 예전과 달리 말랑말랑하고 부드러워서 기분이 좋았다. 그게 지우개의 몸이었을까?

"좀 만져볼게."

난 지우개의 몸을 만졌다. 말랑말랑한 느낌이 그 순간 느꼈던 **감각**과 똑같았다.

"미안해. 내가 그랬지만 내가 그런 게 아니야."

나는 주인이 평소에 나를 어떻게 다루는지 자세히 설명했다. 어떻게 된 일인지 알게 된 지우개는 갑자기 온몸을 벌벌 떨었다.

"왜 그래?"

"나, 내일도 그 일을 당하면 어떡해?"

나도 언제 부러질지 몰라 항상 걱정하며 지내왔다. 그렇기에 지우개가 느끼는 두려움이 얼마나 무서운지 잘 알고 있었다.

"나도 늘 주인의 손에 들리면 두려웠어. 나도 함부로 대하거든."

"나는 너보다 약한데, 계속 당하다가는 둘로 쪼개질지도 몰라."

지우개가 정말 불쌍했다. 내일 겪게 될 고통을 떠올리니 끔찍하게 싫었다.

"우리, 도망칠까?"

혼자였다면 절대 할 수 없는 생각이었지만, 둘이 되니 용기가 났다. 지우개는 바로 내 의견에 찬성했다. 문제는 도망칠 방법이었다. 어떻게 해야 못된 주인에게서 도망칠 수 있을까?

4. 내용 이해하기

♥ **앞의 글을 읽고 다음 질문에 답하세요.** (답은 반드시 문장으로 완성하세요.)

Q1 왜 연필은 주인을 싫어하나요?

Q2 왜 지우개는 연필을 보자마자 화를 냈나요?

Q3 지우개는 무엇을 두려워하고 있나요?

Q4 연필이 도망치려는 용기를 낼 수 있었던 이유는 무엇인가요?

5. 어휘와 문장

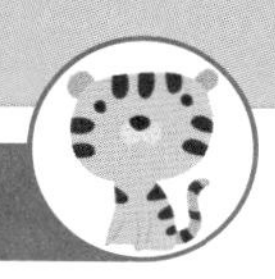

♥ 공부하고 난 뒤에 사전(또는 인터넷)을 찾아서 더 다양한 뜻과 활용법을 익히세요.

문장 속 단어

★ 아침에 일어나니 시원한 **바람**이 분다. ⇨ 공기의 움직임이나 흐름.

★ 친구가 나에게 게임하자며 **바람**을 집어넣었다. ⇨ 어떤 것을 하도록 부추김.

★ 손흥민이 **바람**처럼 공을 몰았다. ⇨ 매우 빠름을 비유하는 말.

★ 어제 노는 **바람**에 숙제를 못 했다. ⇨ 뒷말의 근거나 원인을 나타내는 말.

한자어 익히기

감각 感覺	느낄 감感, 깨달을 각覺
	(뜻) 눈, 코, 귀, 혀, 피부로 느껴서 안다(깨닫는다).
	(예문) 현주는 아무리 봐도 감각이 둔해.

감정 感情	민혜는 감정이 풍부해!	**각성** 覺醒	각성해서 레벨을 올렸어.
감동 感動	나, 너 때문에 정말 감동했어.	**각오** 覺悟	공부하기로 각오를 다졌다니까.
감사 感謝	도와줘서 감사합니다.	**착각** 錯覺	나뭇잎을 벌레로 착각했어.

♥ 뜻을 정확히 모르겠으면 사전을 찾아보세요.

♥ 같은 한자를 사용하는 다른 낱말도 찾아보세요.

문장 익히기

Q 다음에서 보기의 문장과 뜻이 가장 가까운 것을 고르시오.

<보기> 혼자였다면 절대 할 수 없는 생각이었지만, 둘이 되니 용기가 났다.

① 지우개가 없었다면 결코 하지 못할 생각이었지만, 지우개와 함께하니 용기가 났다.

② 혼자였다면 못 할 수도 있는 생각이었지만, 지우개가 있으니 용기가 났다.

6. 거침없이 쓰기

- 머뭇거리지 말고 최대한 빨리 쓰는 것이 목표입니다.
- 깊이 생각하지 말고 손이 가는 대로 빠르게 씁니다.
- 솔직하고 편하게 쓰세요. 솔직한 글이 좋은 글입니다.
- '오늘 주제는 ~~이다', '몇 줄 남았다' 등으로 글을 채우지 말고 나의 경험, 생각, 느낌으로 글을 채우세요.
- 빠르게 쓰되 글씨는 알아볼 수 있도록 또박또박 씁니다.
- 시간을 재면서 쓰고, 다 쓰는 데 걸린 시간을 기록합니다.
- 다 쓰고 반드시 글을 소리 내어 읽습니다.

거침없이 쓰기 주제 〉〉 **용기**

오늘 기록 분 초

확인 (사인)

1. 낭독하기

- 글을 소리 내어 읽습니다. (2회 이상 낭독)
- 낭독할 때는 ' / ' 표시가 된 데서 끊어 읽습니다.

어린 곰은 / 냇물을 건너 / 옆 마을로 갔다. / 그 마을에서 / 부리부터 꼬리까지 / 까만 새를 만났다. / 어린 곰은 / 새의 깃털이 / 무척 마음에 들었다. / 그래서 / 새에게 다가가 / 친절하게 인사하며 물었다. / "안녕! / 까만 새야, / 네 이름이 뭐니?" / 까만 새가 답했다. / "나는 까마귀야."

2. 베껴 쓰기

- 낭독한 글을 원고지에 옮겨 적는 과정입니다.
- 먼저 위쪽 원고지의 희미한 글씨에 덧씌워서 쓰고, 다음으로 아래쪽 빈 원고지에 또박또박 자기 글씨로 씁니다.

어린 곰은 냇물을 건너 옆 마을로
갔다. 그 마을에서 부리부터 꼬리까지
까만 새를 만났다. 어린 곰은 새의 깃
털이 무척 마음에 들었다. 그래서 새에
게 다가가 친절하게 인사하며 물었다.
"안녕! 까만 새야, 네 이름이 뭐니?"
까만 새가 답했다. "나는 까마귀야."

X

3. 긴 글 읽기

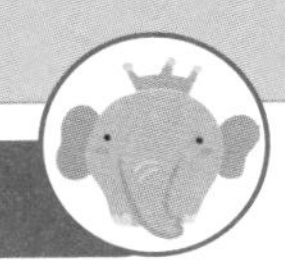

♥ 실제 눈으로 보고, 귀로 듣는 것처럼 장면을 상상하며 읽으세요.

♥ 줄거리의 흐름을 기억하며 읽으세요.

♥ 등장인물의 감정과 생각이 무엇일지 떠올리며 읽으세요.

나는 연필이다. 어젯밤 나와 지우개는 도망치기로 마음을 정했지만, 필통이 꽉 닫혀 있는 밤에는 탈출할 수가 없었다. 우리는 서로에게 용기를 건네며 밤을 지새웠다. 긴 시간이 지나고 마침내 아침이 왔다.

"우리, 탈출할 수 있을까?"

지우개는 걱정을 **떨치지** 못했다.

"걱정 마. 우리에게 분명히 기회가 올 거야."

아이들이 시끄럽게 떠드는 소리가 들렸다. 주인은 친구들과 수다를 떨다가 필통을 가방에서 빼내 책상 위로 올려놓았다. 수업이 시작되자 필통이 열렸고, 주인은 나와 지우개를 필통에서 꺼냈다. 처음에 주인은 열심히 수업을 들으며 **성실**하게 글을 썼다. 그러나 조금 지나자 또다시 나를 괴롭혔다. 손톱으로 허리를 누르고, 머리를 씹었다. 곧이어 지우개 몸통에 내 연필심을 꼽고 빙글빙글 돌리기도 하고, 내리찍기도 했다. 심지어 지우개 끝을 손톱으로 잡아 뜯기도 했다. 지우개의 고통이 나의 고통처럼 느껴져 괴로웠다. 수업이 끝날 때까지 그 짓을 하던 주인은 지우개 몸통에 나를 꽂아 둔 채 밖으로 나갔다.

"괜찮아?"

"너무 아파!"

"주인이 나갔어. 지금이 기회야. 지우개야, 움직일 수 있겠어?"

"좀 아프지만, 이런 꼴을 더는 당하기 싫어. 탈출할 거야."

나는 주변을 살폈다. 아무도 우리에게 관심이 없었다. 몸을 흔들었다. 뒤뚱뒤뚱 좌우로 흔들리던 몸이 옆으로 넘어졌고, 나와 지우개는 함께 아래로 떨어졌다.

"어디로 갈 거야?"

"내가 봐둔 새 주인이 있어. 학용품을 무척 아끼고 사랑하는 아이야."

나는 평소에 눈여겨 봐둔 아이를 향해 나아갔다. 내가 앞장서고 지우개가 뒤를 따랐다. 중간에 지나가는 어떤 아이에게 발견될 뻔했지만 아슬아슬하게 피했다. **아이들이 다시 교실로 몰려들기 전에 우리는 착한 아이의 책상 아래까지 갔다.** 그러나 책상의 다리를 타고 오를 수는 없었다. 조심스럽게 몸을 숨기고 착한 아이에게 발견되기를 기다려야 했다.

"야, 내 연필 어디 갔지? 뭐야? 지우개도 없잖아."

옛 주인이 짜증 내는 소리가 들렸다. 책상 주변에서 우리를 찾더니 점점 넓은 곳을 뒤졌다. 옛 주인이 우리에게 다가왔다. 옛 주인의 숨소리가 옆에서 들렸다. 몸이 바르르 떨렸다.

"너 뭐 하니? 수업 시간 시작했잖아. 빨리 자리에 앉아."

선생님이 야단치자 옛 주인은 우리 바로 옆에서 찾기를 포기하고 자리로 돌아갔다. 우리는 그렇게 아슬아슬하게 살아났다. 그러나 착한 아이는 오랫동안 우리를 발견하지 못했다. 마지막 수업이 오자 우린 점점 겁이 났다. 이대로 끝나는 걸까? 완전히 버려지는 걸까?

"어, 연필이네. 지우개도. 이런… 상처를 많이 입었구나. 불쌍해라."

새 주인은 예쁜 손으로 우리를 곱게 들어서 필통에 넣었다. 우리는 새 필통에 들어가자 서로 몸을 기대며 기쁨을 나눴다. 모험 끝에 찾아온 **행복**은 참 달콤했다.

4. 내용 이해하기

♥ **앞의 글을 읽고 다음 질문에 답하세요.** (답은 반드시 문장으로 완성하세요.)

Q1 탈출하려고 마음먹은 연필과 지우개가 아침까지 기다린 이유는 무엇인가요?

Q2 연필과 지우개가 주인의 책상 아래로 내려간 방법은 무엇인가요?

Q3 탈출한 연필과 지우개는 옛 주인에게 잡힐 뻔합니다. 어떻게 위험에서 벗어났나요?

Q4 연필과 지우개의 새 주인은 어떤 아이인가요?

5. 어휘와 문장

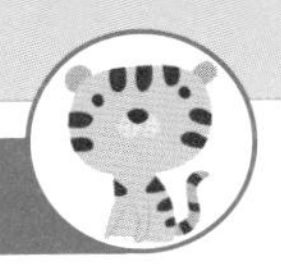

♥ 공부하고 난 뒤에 사전(또는 인터넷)을 찾아서 더 다양한 뜻과 활용법을 익히세요.

문장 속 단어

★ 나는 친구의 손을 떨치고 일어섰다. ⇨ 세게 흔들어서 떨어지게 하다.

★ 걱정을 떨치고 희망을 떠올렸다. ⇨ 나쁜 생각이나 욕심 등을 버리다.

★ 이명주는 이름을 떨치는 성공을 거두었다. ⇨ 이름이나 업적을 널리 알리다.

※ '떨치다'는 '떨치고, 떨치지, 떨치는, 떨치며, 떨치니… ' 등으로 모양을 바꿔 사용합니다.

한자어 익히기

성실 誠實	정성 성誠, 열매(참될) 실實
	(뜻) 정성스럽고 참되다. (예문) 윤재는 성실하게 일해서 용돈을 벌었다.

정성 精誠	정성껏 손님을 맞이했습니다.	진실 眞實	거짓말 말고 진실을 말하세요.
성의 誠意	네 선물은 성의가 없어!	결실 結實	마침내 노력이 결실을 맺었다.
성심 誠心	모두가 성심을 다해 노력했죠.	실리 實利	도영이가 실리를 크게 챙겼어.

♥ 뜻을 정확히 모르겠으면 사전을 찾아보세요.

♥ 같은 한자를 사용하는 다른 낱말도 찾아보세요.

문장 익히기

Q 다음에서 보기의 문장과 뜻이 가장 가까운 것을 고르시오.

<보기> 아이들이 다시 교실로 몰려들기 전에 우리는 착한 아이의 책상 아래까지 갔다.

① 우리가 착한 아이의 책상 아래까지 간 뒤에 아이들이 다시 교실로 몰려들었다.

② 우리가 착한 아이의 책상 아래에 가기 전에 아이들이 다시 교실로 몰려들었다.

6. 거침없이 쓰기

- 머뭇거리지 말고 최대한 빨리 쓰는 것이 목표입니다.
- 깊이 생각하지 말고 손이 가는 대로 빠르게 씁니다.
- 솔직하고 편하게 쓰세요. 솔직한 글이 좋은 글입니다.
- '오늘 주제는 ~~이다', '몇 줄 남았다' 등으로 글을 채우지 말고 나의 경험, 생각, 느낌으로 글을 채우세요.
- 빠르게 쓰되 글씨는 알아볼 수 있도록 또박또박 씁니다.
- 시간을 재면서 쓰고, 다 쓰는 데 걸린 시간을 기록합니다.
- 다 쓰고 반드시 글을 소리 내어 읽습니다.

거침없이 쓰기 주제 〉〉 **행복**

오늘 기록 분 초

확인 (사인)

1주차 수요일

공부한 날 월 일

1. 낭독하기

♥ 글을 소리 내어 읽습니다. (2회 이상 낭독)

♥ 낭독할 때는 ' / ' 표시가 된 데서 끊어 읽습니다.

어린 곰이 / 까마귀에게 말했다. / "나는 곰이야. / 하지만 / 이름이 곰은 아니야. / 너는 이름이 없니?" / 까마귀는 / 고개를 끄덕였다. / "나는 이름이 없어. / 나는 그냥 / 까마귀야." / 어린 곰은 / 까마귀의 말에 / 크게 실망해 / 고개를 절레절레 흔들며 / 그 마을을 벗어났다.

2. 베껴 쓰기

♥ 낭독한 글을 원고지에 옮겨 적는 과정입니다.

♥ 먼저 위쪽 원고지의 희미한 글씨에 덧씌워서 쓰고, 다음으로 아래쪽 빈 원고지에 또박또박 자기 글씨로 씁니다.

어린 곰이 까마귀에게 말했다. "나는
곰이야. 하지만 이름이 곰은 아니야. 너
는 이름이 없니?" 까마귀는 고개를
끄덕였다. "나는 이름이 없어. 나는 그
냥 까마귀야." 어린 곰은 까마귀의 말
에 크게 실망해 고개를 절레절레 흔들
며 그 마을을 벗어났다.

3. 긴 글 읽기

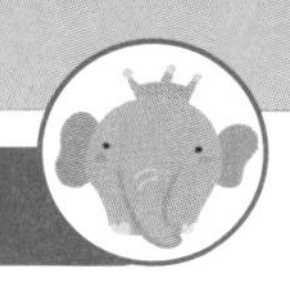

- 월요일, 화요일에 실린 이야기를 합쳐서 새롭게 쓴 글입니다.
- 월요일, 화요일 이야기와 표현과 어휘만 다릅니다. 표현과 어휘가 어떻게 달라졌는지 주목하며 읽으세요.
- 이야기는 '장면을 머릿속으로 상상'하며 읽어야 합니다. 상상하는 습관을 잊지 마세요.

나는 연필이다. 요즘 주인이 날 괴롭혀서 무척 고통스럽게 지내고 있다. 내 주인은 연필인 나를 가만히 두지 않는다. 연필심을 짓뭉개고, 몸통을 할퀴고, 머리를 물어뜯는다. 그 때문에 내 몸은 성한 곳이 없다. 그날도 주인에게 시달리다 지쳐 필통으로 돌아왔는데 지우개가 나에게 거칠게 따졌다.

나는 피곤해서 대꾸하기 싫었지만 지우개는 구멍이 뚫린 자기 몸을 보여주며 날 원망했다. 구멍에는 연필 자국이 심하게 묻어 있었다. 아무래도 주인이 문제를 풀다가 짜증이 나니 지우개 몸통에 내 연필심을 꽂아서 화풀이를 한 모양이다.

나는 평소에 주인이 나를 어떻게 다루는지 설명했고, 지우개는 두려움에 몸을 떨었다. 나도 언제 부러질지 몰라 항상 걱정하며 지내왔기에 지우개와 **동병상련**(同病相憐)을 느꼈다.

"나도 늘 주인의 손에 들리면 두려웠어. 나도 함부로 대하거든."

"나는 너보다 약한데, 계속 당하다가는 둘로 쪼개질지도 몰라."

지우개가 정말 불쌍했다. 내일 겪게 될 고통을 떠올리니 끔찍하게 싫었다.

"우리, 도망칠까?"

혼자라면 감히 시도할 생각도 못 했겠지만, 둘이 되니 용기가 났다. 지우개와 나는 함께 탈출하기로 마음을 모았다. 바로 도망치고 싶었지만, 필통이 단단하게 닫혀 있는 밤에는 탈출할 수가 없었다. 다음 날, 기회를 엿보는데 지우개는 탈출하지 못하면 어떻게 하냐고 걱정했다. 나는 반드시 기회가 올 거라며 용기를 잃지 말자고 위로했다.

교실에 간 주인은 수업을 준비하며 나와 지우개를 꺼냈다. 늘 그렇듯이 처음에는 성실하게 공부하던 주인은 공부가 잘 안 풀리자 또다시 나를 괴롭혔다. 나보다 지우개가 더 심하게 고통을 당했다. 지우개의 몸에 뚫린 구멍이 더 커졌다. 지우개의 몸은 약하기에 저러다 두 동강 나면 어쩌나 걱정되었다.

수업이 끝나자마자 주인은 지우개의 몸통에 나를 꽂아둔 채 밖으로 나갔다. 드디어 우리에게 기회가 왔다. 아파하는 지우개를 달래서 탈출을 시도했다. 나는 지우개에 꽂힌 채 몸을 흔들었고, 조금 뒤 둘이 같이 책상 아래로 떨어졌다. 나는 평소에 눈여겨봐둔 아이를 향해 나아갔다. 그 아이는 학용품을 소중하게 다루며 아껴 썼다.

위험천만한 상황이 닥치기도 했지만, 아이들이 교실로 오기 직전에 무사히 착한 아이의 책상 아래에 도착했다. 몸을 숨기고 착한 아이에게 발견되기를 기다리는데 옛 주인이 들어와 짜증을 내며 우리를 찾았다. 이곳저곳 찾던 주인은 우리가 숨어 있는 곳 **근처**까지 오고 말았다. 그때 선생님이 들어오지 않았다면 다시 붙잡혀 갈 뻔했다. 우리는 계속 숨어 있었고, 마지막 수업 **직전**에 착한 주인에게 발견되었다.

"어, 연필이네. 지우개도. 이런… 상처를 많이 입었구나. 불쌍해라."

새 주인은 예쁜 손으로 우리를 곱게 들어서 필통에 넣었다. 우리는 새 필통에 들어가자 서로 몸을 기대며 기쁨을 나눴다. 모험 끝에 찾아온 행복은 참 달콤했다.

4. 상상력 발휘하기

- 앞의 글을 읽고 다음 질문에 답하세요. (답은 반드시 문장으로 완성하세요.)
- 정해진 답이 없습니다. 자유롭게 상상해서 써보세요.

Q1 옛 주인은 왜 그렇게 지우개와 연필을 못되게 다루는 걸까요?

Q2 착한 아이는 왜 연필과 지우개의 주인을 찾아주지 않고 자기 필통에 챙겼을까요?

Q3 연필과 지우개를 잃은 옛 주인은 어떤 마음일까요?

Q4 여러분의 학용품이 위 이야기처럼 생각할 줄 안다면 어떨까요?

5. 어휘와 문장

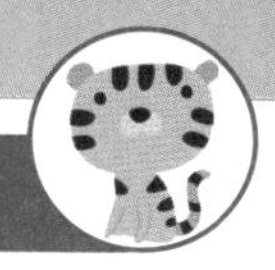

♥ 공부하고 난 뒤에 사전(또는 인터넷)을 찾아서 더 다양한 뜻과 활용법을 익히세요.

한자어 익히기

어휘	뜻	활용 (예시 1을 참고해 예시 2를 채워보세요)	
		예시 1	예시 2
원망 怨望	못마땅하게 여기어 탓하거나 불평을 품고 미워함.	더는 원망하지 말고 용서해 주세요.	
위로 慰勞	따뜻한 말이나 행동으로 괴로움을 덜어주거나 슬픔을 달래줌.	윤희 힘들대. 다정하게 위로해 줘.	
근처 近處	가까운 곳	근처에 멋진 놀이터가 있어. 같이 가자.	
직전 直前	어떤 일이 일어나기 바로 전	나무가 부러지기 직전에 빠져나왔어.	

사자성어 공부하기

<보기> 나도 언제 부러질지 몰라 항상 걱정하며 지내왔기에 지우개와 **동병상련**(同病相憐)을 느꼈다.

① '동병상련'의 뜻이 무엇인지 찾아보세요.

---

② '동병상련'을 넣어 문장을 만들어보세요.

---

6. 거침없이 쓰기

- 머뭇거리지 말고 최대한 빨리 쓰는 것이 목표입니다.
- 깊이 생각하지 말고 손이 가는 대로 빠르게 씁니다.
- 솔직하고 편하게 쓰세요. 솔직한 글이 좋은 글입니다.
- '오늘 주제는 ~~이다', '몇 줄 남았다' 등으로 글을 채우지 말고 나의 경험, 생각, 느낌으로 글을 채우세요.
- 빠르게 쓰되 글씨는 알아볼 수 있도록 또박또박 씁니다.
- 시간을 재면서 쓰고, 다 쓰는 데 걸린 시간을 기록합니다.
- 다 쓰고 반드시 글을 소리 내어 읽습니다.

거침없이 쓰기 주제 〉〉 **위로**

오늘 기록 분 초

확인 (사인)

공부한 날 월 일

1. 낭독하기

♥ 글을 소리 내어 읽습니다. (2회 이상 낭독)

♥ 낭독할 때는 ' / ' 표시가 된 데서 끊어 읽습니다.

> 어린 곰은 / 잇달아 / 여러 동물을 만났다. / 그러나 / 어떤 동물도 / 이름이 없어서 / 크게 실망했다. / 이름이 없는 동물에게 / 좋은 이름을 / 지어달라고 할 수는 없었기에 / 이름 짓기를 / 포기해야 하나 / 고민했다. / 그러다 / 마지막으로 들른 마을에서 / 자기 이름이 있는 / 동물을 만났다.

2. 베껴 쓰기

♥ 낭독한 글을 원고지에 옮겨 적는 과정입니다.

♥ 먼저 위쪽 원고지의 희미한 글씨에 덧씌워서 쓰고, 다음으로 아래쪽 빈 원고지에 또박또박 자기 글씨로 씁니다.

	어	린		곰	은		잇	달	아		여	러		동	물	을		만	났
다	.	그	러	나		어	떤		동	물	도		이	름	이		없	어	서
크	게		실	망	했	다	.	이	름	이		없	는		동	물	에	게	
좋	은		이	름	을		지	어	달	라	고		할		수	는		없	었
기	에		이	름		짓	기	를		포	기	해	야		하	나		고	민
했	다	.	그	러	다		마	지	막	으	로		들	른		마	을	에	서
자	기		이	름	이		있	는		동	물	을		만	났	다	.		

X

3. 긴 글 읽기

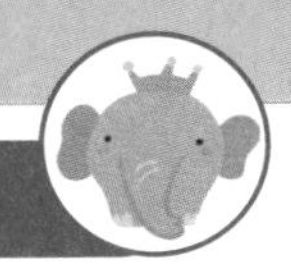

♥ 글의 흐름을 기억하며 읽으세요.

♥ 다 읽은 뒤에는 내용을 떠올리며 스스로 생각해 보세요.

♥ 한 번만 읽지 말고 꼭 두 번 이상 반복해서 읽으세요.

1835년, 찰스 다윈은 비글호라는 배를 타고 태평양을 여행하고 있었다. 1835년 9월, 남아메리카 에콰도르에서 서쪽으로 1,000㎞ 떨어진 갈라파고스 제도에 도착했다. 다윈은 갈라파고스의 여러 섬을 돌아다니며 섬에서 사는 생물을 관찰했다. 갈라파고스는 대륙에서 멀리 떨어진 곳이기에 대륙이나 다른 섬과는 다른 생물들이 많이 살았다.

그중에 귀엽고 예쁘게 생긴 조그만 새들이 있었다. 흥미를 느낀 다윈은 여러 섬에 사는 조그맣고 작은 새들을 꼼꼼하게 관찰했다. 그 새들은 섬의 환경에 따라 부리 모양, 깃털의 색깔, 먹는 먹이 등이 달랐다. 그러다 부리 모양이 다르면 먹는 먹이도 다르다는 사실을 알아냈다.

새싹이나 과일을 먹는 새는 부리가 앵무새처럼 끝이 살짝 구부러져 있었다. 선인장을 뜯어 먹는 새는 부리가 선인장 가시보다 길었다. 나무 속에 사는 곤충을 먹는 새는 부리가 가늘고 길었다. 단단한 씨를 부숴서 먹는 새는 부리가 크고 튼튼했다. 딱딱하고 큰 씨앗이 많은 섬에 사는 새는 부리가 크고 뭉뚝했고, 작은 씨앗이 흙 속에 깊이 박힌 섬에 사는 새는 부리가 길고 뾰족했다.

다윈은 그 새들이 핀치, 굴뚝새, 지빠귀 등 전혀 다른 종류의 새라고 생각했다. 탐험을 마치고 영국으로 돌아온 찰스 다윈은 존 굴드에게 자신이 채집한 그 새들을 보여주었다. 굴드는 자세히 관찰하더니 그 새들이 '생김새는 다르지만 모두 핀치새'라고 알려주었다.

그때 다윈은 '핀치가 살아가는 자연환경이 바뀌면 핀치가 먹어야 할 먹이가 바뀌고, 그 먹이를 먹기 위해 핀치의 부리도 바뀐다'는 사실을 깨달았다. 한 종류였던 핀치가 환경에 맞춰 살아가려다 다양한 종류로 나뉜 것이다.

다윈은 핀치뿐 아니라 다른 생명들도 **'변화하는 환경에서 살아가기 위해 다양한 모습으로 바뀌었다'**는 결론을 내렸고, 이것이 바로 '진화론'이다. 핀치 덕분에 다윈의 '진화론'이 탄생했기에 갈라파고스에 사는 핀치를 '다윈 핀치'라고 부른다.

✓찰스 다윈 (1809~1882)

영국의 생물학자로 생물이 긴 세월에 거쳐 자연선택에 의해 진화한다는 진화론으로 생물학을 크게 발전시켰다.

※교과연계 : 초등 4학년 과학 교과서

4. 내용 이해하기

♥ **앞의 글을 읽고 다음 질문에 답하세요.** (답은 반드시 문장으로 완성하세요.)

Q1 갈라파고스 제도는 다른 지역과 어떤 점이 달랐나요?

Q2 같은 종류의 새였던 핀치는 왜 부리 모양이 달라졌을까요?

Q3 진화론이란 무엇인가요?

Q4 갈라파고스에 사는 핀치를 '다윈 핀치'라고 부르는 이유는 무엇인가요?

5. 어휘와 문장

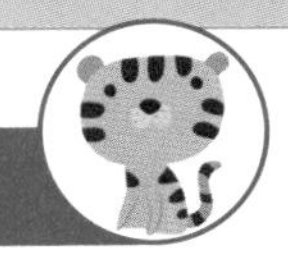

♥ 공부하고 난 뒤에 사전(또는 인터넷)을 찾아서 더 다양한 뜻과 활용법을 익히세요.

한자어 익히기

도착 到着	이를 도到, 붙을 착着
	(뜻) 목적한 곳에 다다름.
	(예문) 오랜 항해 끝에 배가 항구에 도착했다.

착지 着地	두 바퀴 돌고 부드럽게 착지했다.	집착, 봉착, 교착, 침착, 착수, 착복, 정착, 애착, 착륙, 착실, 착지, 흡착, 부착, 밀착, 접착, 압착, 선착순 등
착용 着用	소방관이 안전띠를 착용하고 뛰어갔다.	
장착 裝着	새 아이템을 장착했으니 이길 거야.	

♥ 뜻을 정확히 모르겠으면 사전을 찾아보세요.

♥ 같은 한자를 사용하는 다른 낱말도 찾아보세요.

문장 익히기

Q 다음에서 보기의 문장과 뜻이 가장 가까운 것을 고르시오.

<보기> 변화하는 환경에서 살아가기 위해 다양한 모습으로 바뀌었다.

① 다양한 환경에서 살아가기 위해 다양한 모습으로 변화했다.

② 다양한 모습으로 변화한 이유는 변화하는 환경에서 생존하기 위해서다.

6. 거침없이 쓰기

- 머뭇거리지 말고 최대한 빨리 쓰는 것이 목표입니다.
- 깊이 생각하지 말고 손이 가는 대로 빠르게 씁니다.
- 솔직하고 편하게 쓰세요. 솔직한 글이 좋은 글입니다.
- '오늘 주제는 ~~이다', '몇 줄 남았다' 등으로 글을 채우지 말고 나의 경험, 생각, 느낌으로 글을 채우세요.
- 빠르게 쓰되 글씨는 알아볼 수 있도록 또박또박 씁니다.
- 시간을 재면서 쓰고, 다 쓰는 데 걸린 시간을 기록합니다.
- 다 쓰고 반드시 글을 소리 내어 읽습니다.

거침없이 쓰기 주제 〉〉 **관찰**

오늘 기록 분 초

확인 (사인)

공부한 날 월 일

1. 낭독하기

♥ 글을 소리 내어 읽습니다. (2회 이상 낭독)

♥ 낭독할 때는 ' / ' 표시가 된 데서 끊어 읽습니다.

어린 곰이 / 이름을 지어달라고 부탁하자, / 그 동물은 / 빙그레 웃었다. / "나는 너를 / 잘 몰라. / 너를 가장 잘 / 아는 동물은 / 너 자신이야. / 그러니까 / 너에게 어울리는 이름은 / 스스로 선택해야 해." / 어린 곰은 / 문득 깨달음을 얻었고, / 자신에게 어울리는 / 이름이 떠올랐다.

2. 베껴 쓰기

♥ 낭독한 글을 원고지에 옮겨 적는 과정입니다.

♥ 먼저 위쪽 원고지의 희미한 글씨에 덧씌워서 쓰고, 다음으로 아래쪽 빈 원고지에 또박또박 자기 글씨로 씁니다.

어린 곰이 이름을 지어달라고 부탁하
자, 그 동물은 빙그레 웃었다. "나는
너를 잘 몰라. 너를 가장 잘 아는 동
물은 너 자신이야. 그러니까 너에게 어
울리는 이름은 스스로 선택해야 해."
어린 곰은 문득 깨달음을 얻었고, 자신
에게 어울리는 이름이 떠올랐다.

X

3. 긴 글 읽기

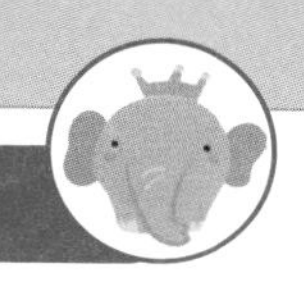

♥ 글의 흐름을 기억하며 읽으세요.

♥ 다 읽은 뒤에는 내용을 떠올리며 스스로 생각해 보세요.

♥ 한 번만 읽지 말고 꼭 두 번 이상 반복해서 읽으세요.

지도는 위에서 아래로 내려다본 지구 표면의 모습을 일정한 약속에 따라 그림으로 나타낸 것이다. 위에서 내려다보며 찍은 사진은 실제 모습을 있는 그대로 보여주지만, 지도는 아니다. 지도는 우리가 사는 땅의 모습과 특징, 우리가 있는 곳의 위치, 가고자 하는 목적지 등의 정보를 알려준다.

지도에는 땅과 물, 도시와 마을, 길과 도로, 산과 언덕 등이 그려져 있다. 있는 그대로 그리면 지도가 복잡해서 알아보기 힘들기에 일정한 약속에 따라 지도를 그린다. **지도에서 땅은 녹색 또는 갈색으로, 물은 파란색으로 그린다.** 땅은 우리가 사는 곳이고, 물은 바다, 강, 호수다. 도시와 마을은 큰 점이나 작은 점으로 **표시**하는데, 서울, 부산처럼 큰 도시는 큰 점으로 표시한다. 차와 사람이 다니는 길은 선으로 표시하는데, 큰 도로는 두꺼운 선, 작은 길은 얇은 선으로 나타낸다. 산과 언덕은 보통 갈색으로 표시하며, 높이가 높은 산일수록 더 진한 색으로 그린다. 공항, 병원, 학교, 우체국, 소방서처럼 생활에서 중요한 장소는 특별한 기호를 사용해서 쉽게 알아볼 수 있도록 표시한다.

대부분의 지도는 위쪽이 북쪽, 아래쪽이 남쪽, 왼쪽이 서쪽, 오른쪽이 동쪽이다. 이를 방향이라고 한다. 지도를 그릴 때는 실제 땅의 모습을 줄여서 나타내는데, 이렇게 줄인 비율을 '축척'이라고 한다. 예를 들어, 축척이 1:1,000이면 지도에서 1㎝가 실제로는 1,000㎝(10m)라는 뜻이다. 따라서 지도에 있는 두 지점 사이의 거리를 재면 축척을 이용해 실제 거리를 알 수 있다.

지도에서는 등고선과 색깔로 땅의 높낮이를 표현한다. '등고선'은 땅의 높이가 같은 곳을 연결한 선으로, 이를 통해 땅의 높낮이를 알 수 있다. 색깔을 이용해서도 땅의 높낮이를 나타내는데 땅의 높이가 높으면 진하고, 낮으면 옅은 색을 칠한다. 지도의 한쪽 구석에는 범례가 있는데, 여기에는 지도의 기호와 그 의미가 설명되어 있다.

지도에는 지구 전체를 보여주는 세계 지도, 한 나라를 자세히 보여주는 나라 지도, 한 도시의 거리와 건물을 자세히 보여주는 도시 지도, 도로와 교통 정보를 제공하는 교통 지도, 지하철 노선을 알려주는 지하철노선도, 관광지를 소개하는 관광안내도 등이 있다.

지도에는 하늘과 바다에 대한 정보를 담은 항공지도와 해도가 있다. 항공지도는 비행기가 날아가는 길을 표시해서 비행기가 안전하게 다닐 수 있는 정보를 제공한다. 해도는 바다에서 배가 안전하게 다닐 수 있도록 바닷물의 깊이, 해안선의 모양, 등대의 위치, 위험한 장소, 안전한 뱃길 등의 정보가 담겨 있다.

지도는 다양한 쓸모가 있다. 여행을 가기 전에 지도를 보면 가고 싶은 장소의 위치와 어떻게 갈 수 있는지 알 수 있다. 새로운 곳에서 길을 찾을 때 지도가 도움이 된다. 지도를 통해 나라, 도시, 산, 강 등의 위치를 배울 수 있다. 이처럼 지도는 우리가 사는 세계를 이해하고, 원하는 곳으로 가는 길을 찾는 데 매우 쓸모 있는 수단이다.

※교과연계 : 초등 4학년 사회 교과서

4. 내용 이해하기

♥ **앞의 글을 읽고 다음 질문에 답하세요.** (답은 반드시 문장으로 완성하세요.)

Q1 축척이 1:200인 지도에서 1m는 실제로는 몇 m일까요?

Q2 지도에서 높낮이를 표시하는 방법 두 개는 무엇인가요?

Q3 항공지도와 해도는 왜 필요한가요?

Q4 요즘은 인공위성에서 찍은 사진도 있는데 왜 지도를 사용하는 걸까요?

---

5. 어휘와 문장

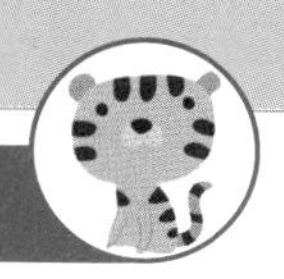

♥ 공부하고 난 뒤에 사전(또는 인터넷)을 찾아서 더 다양한 뜻과 활용법을 익히세요.

한자어 익히기

표시 表示	겉 표表, 보일 시示
	(뜻) 겉으로 드러내 보임.
	(예문) 지도에 표시된 것을 잘 보고 가.

표현 表現	불만이 있으면 겉으로 표현을 해.	별표, 대표, 표면, 표출, 표지, 도표, 상표, 표적, 표기, 표식, 표피, 표결, 표백, 징표, 시간표, 가격표, 표창장, 출사표 등
표정 表情	표정을 보니 또 실패했구나.	
발표 發表	오늘 네 발표가 최고였어.	

♥ 뜻을 정확히 모르겠으면 사전을 찾아보세요.

♥ 같은 한자를 사용하는 다른 낱말도 찾아보세요.

문장 익히기

Q 다음 중 보기의 문장과 뜻이 가장 먼 것을 고르시오.

<보기> 지도에서 땅은 녹색 또는 갈색으로, 물은 파란색으로 그린다.

① 지도를 그릴 때 땅은 물과 달리 녹색으로 표시한다.

② 지도를 그릴 때 물은 땅과 달리 파란색으로 표시한다.

③ 지도를 그릴 때 물은 파란색, 땅은 녹색이나 갈색으로 표시한다.

④ 지도를 그릴 때 땅은 물과 달리 파란색으로 표시한다.

6. 거침없이 쓰기

- 머뭇거리지 말고 최대한 빨리 쓰는 것이 목표입니다.
- 깊이 생각하지 말고 손이 가는 대로 빠르게 씁니다.
- 솔직하고 편하게 쓰세요. 솔직한 글이 좋은 글입니다.
- '오늘 주제는 ~~이다', '몇 줄 남았다' 등으로 글을 채우지 말고 나의 경험, 생각, 느낌으로 글을 채우세요.
- 빠르게 쓰되 글씨는 알아볼 수 있도록 또박또박 씁니다.
- 시간을 재면서 쓰고, 다 쓰는 데 걸린 시간을 기록합니다.
- 다 쓰고 반드시 글을 소리 내어 읽습니다.

거침없이 쓰기 주제 〉〉 **색깔**

오늘 기록 분 초

확인 (사인)

초등고학년 1단계 제1권

둘째 주

책과 친해지는 방법 ②

책으로 하루를 열고 마감합니다.

'아침 10분 독서'가 얼마나 효과가 좋은지는 충분히 검증되었습니다. 자기 전에 책을 읽으면 뇌파가 안정되어 숙면에 도움이 됩니다. 스마트폰이 아니라 책으로 아침을 열고, 하루를 닫으세요. 아침이 달라지고, 숙면을 취할 수 있습니다.

공부한 날 월 일

1. 낭독하기

♥ 글을 소리 내어 읽습니다. (2회 이상 낭독)

♥ 낭독할 때는 ' / ' 표시가 된 데서 끊어 읽습니다.

나는 지금 / 버려지고 있는 중이다. / 버리려고 준비하는 것도 아니고, / 버려진 것도 아니고, / 버려지는 중이 뭔지 / 이해하기 힘들 것이다. / 그래서 / 상황을 설명하자면 / 엄마의 사랑스럽기만 했던 / 아들인 내가 / 엄마 차 뒤에 실려서 / 이모네 시골집으로 / 끌려가고 있다는 것이다. - 출처 : 『엄마는 공부도둑』, 행복한나무, 12쪽.

2. 베껴 쓰기

♥ 낭독한 글을 원고지에 옮겨 적는 과정입니다.

♥ 먼저 위쪽 원고지의 희미한 글씨에 덧씌워서 쓰고, 다음으로 아래쪽 빈 원고지에 또박또박 자기 글씨로 씁니다.

	나	는		지	금		버	려	지	고		있	는		중	이	다	.	버
려	진		것	도		아	니	고	,	버	려	지	는		중	이		뭔	지
이	해	하	기		힘	들		것	이	다	.	그	래	서		상	황	을	
설	명	하	자	면		엄	마	의		사	랑	스	럽	기	만		했	던	
아	들	인		내	가		엄	마		차		뒤	에		실	려	서		이
모	네		시	골	집	으	로		끌	려	가	고		있	다	는		것	이
다	.																		

X

3. 긴 글 읽기

♥ 실제 눈으로 보고, 귀로 듣는 것처럼 장면을 상상하며 읽으세요.

♥ 줄거리의 흐름을 기억하며 읽으세요.

♥ 등장인물의 감정과 생각이 무엇일지 떠올리며 읽으세요.

약속 시간이 30분이나 지났는데 여전히 연주는 나타나지 않았다.

'어디야? 왜 안 와?'

문자를 보내자, 곧 답이 왔다.

'다 왔어. 엄마 때문에.'

그냥 '엄마 때문에'라고만 하면 내가 알아서 이해하고 넘어가야 하는 걸까? '엄마 때문에'란 말은 연주가 **곤란**하면 흔히 쓰는 핑계였다.

'엄마가 뭘 어쨌는데?'

'알잖아. 우리 엄마.'

따져 물었는데도 대충 얼버무리며 넘어가려 했다.

'그러니까, 뭘 어쨌기에 또 늦냐고?'

'알면서 왜 그래?'

화낼 사람은 난데 도리어 연주가 화를 냈다. 더 **따졌다**가는 크게 싸울 것 같아서 알았으니 빨리 오라고 하면서 문자를 그만두었다. 그런데 생각할수록 짜증이 났다.

'이모, 저 미연인데요, 혹시 연주 언제 나갔어요?'

우리 엄마와 가깝게 지내는 사이여서 연주 엄마를 이모라 부른다.

'아직 안 왔니? 하여튼 유튜브 본다고 늑장 부리더니…. 오래 기다렸어? 힘들지?'

'아뇨. 괜찮아요. 곧 온다니까…, 재밌게 놀게요.'

역시 이번에도 거짓말이다. 연주는 툭하면 거짓말한다. 깜빡 속기도 하고, 속은 척 넘어간 적도 많다. 이런 일이 쌓이면 언젠가 연주와 크게 싸우고 절교할지도 모른다. 어떡하든 연주의 나쁜 버릇을 고쳐주고 싶은데, 방법이 없을까? 골똘히 고민하는데 누가 어깨를 툭툭 건드렸다. 하얀 옷에 빨간 앞치마를 두른 예쁜 언니가 내게 마카롱 하나를 건넸다.

"누구세요?"

"전 저쪽에 새로 개업한 디저트카페 주인이에요. 개업 기념으로 나눠주는 선물이랍니다."

나는 얼떨결에 마카롱을 받았다.

"이 마카롱에는 특별한 효과가 있어요. 상대방에게 먹이고 소원을 빌면 그 소원이 30분 정도 이루어진답니다. 상대를 해치는 나쁜 소원이나 아주 큰 소원은 안 이루어지지만 작은 소원은 이루어지니까 빌어보세요."

어처구니없는 말이었다. **세상에 소원을 들어주는 마카롱이 어디 있단 말인가?** 나는 내 손에 들린 마카롱을 들고 어찌할까 고민했다. 맛있어 보였다. 내가 먹을까, 아니면 어차피 손해 볼 일은 없으니 시도해 볼까? 그런데 내가 고민할 필요가 없었다.

"그거 마카롱이야? 내가 먹어도 되지?"

갑자기 나타난 연주가 내 허락도 받지 않고 내 손에 들린 마카롱을 채 가더니 입에 넣었다. 정말 어이가 없었다. 어떻게 동의도 안 받고 저럴까? 화가 난 나는 무심코 속으로 빌었다.

'연주가 무엇이든 진실만 말하게 해주세요.'

착각이었을까? 마카롱을 씹는 연주의 입에서 초록빛이 은은하게 퍼지는 것 같았다.

4. 내용 이해하기

♥ 앞의 글을 읽고 다음 질문에 답하세요. (답은 반드시 문장으로 완성하세요.)

Q1 연주가 약속 시간에 늦은 이유는 무엇인가요?

Q2 미연이는 무엇을 가장 걱정하고 있나요?

Q3 카페 주인의 말에 따르면 마카롱에는 어떤 효능이 있나요?

Q4 연주가 마카롱을 먹자 미연이는 어떤 소원을 빌었나요?

5. 어휘와 문장

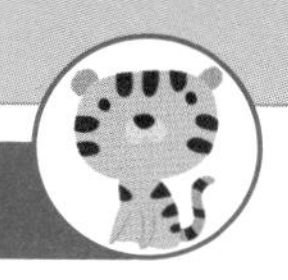

♥ 공부하고 난 뒤에 사전(또는 인터넷)을 찾아서 더 다양한 뜻과 활용법을 익히세요.

문장 속 단어

★ 연주에게 이유를 **따져** 물었다 ⇨ 문제가 되는 일을 상대에게 캐묻고 답을 요구하다.

★ 미연이는 원인을 꼼꼼하게 **따졌다**. ⇨ 옳고 그른 것을 밝혀 가리다.

★ 돈이 얼마나 들었는지 **따져**봤다. ⇨ 계산, 득실 등을 낱낱이 헤아리다.

★ 수학 점수로 **따지면** 내가 2등이야. ⇨ 어떤 것을 기준으로 순위, 수량 따위를 헤아리다.

※ '따지다'는 '따져, 따지고, 따지면…' 등으로 모양을 바꿔 사용합니다.

한자어 익히기

곤란 困難	곤할 곤困, 어려울 난(란)難
	(뜻) 사정이 몹시 딱하고 어려움.
	(예문) 연주는 돈을 갚지 못해 곤란한 처지가 되었다.

빈곤 貧困	돈을 잃고 더 빈곤해졌어.	비난 非難	아무리 그래도 비난이 심하잖아.
곤욕 困辱	괜히 나섰다고 곤욕을 치렀지.	논란 論難	논란이 될 말을 하지 마.
곤혹 困惑	제발, 날 곤혹스럽게 하지 마.	고난 苦難	지난 3년은 고난의 연속이었어.

♥ 뜻을 정확히 모르겠으면 사전을 찾아보세요.

♥ 같은 한자를 사용하는 다른 낱말도 찾아보세요.

문장 익히기

Q 다음에서 보기의 문장과 뜻이 가장 가까운 것을 고르시오.

<보기> 세상에 소원을 들어주는 마카롱이 어디 있단 말인가?

① 이 세상에는 소원을 들어주는 마카롱이 있다고 생각한다.

② 이 세상에는 소원을 들어주는 마카롱이 없다고 생각한다.

6. 거침없이 쓰기

- 머뭇거리지 말고 최대한 빨리 쓰는 것이 목표입니다.
- 깊이 생각하지 말고 손이 가는 대로 빠르게 씁니다.
- 솔직하고 편하게 쓰세요. 솔직한 글이 좋은 글입니다.
- '오늘 주제는 ~~이다', '몇 줄 남았다' 등으로 글을 채우지 말고 나의 경험, 생각, 느낌으로 글을 채우세요.
- 빠르게 쓰되 글씨는 알아볼 수 있도록 또박또박 씁니다.
- 시간을 재면서 쓰고, 다 쓰는 데 걸린 시간을 기록합니다.
- 다 쓰고 반드시 글을 소리 내어 읽습니다.

거침없이 쓰기 주제 〉〉 **거짓말**

오늘 기록 분 초

확인 (사인)

1. 낭독하기

♥ 글을 소리 내어 읽습니다. (2회 이상 낭독)

♥ 낭독할 때는 ' / ' 표시가 된 데서 끊어 읽습니다.

그러니 / 아직 버려진 것은 아니지만 / 내 처지에서 보면 / 버려지고 있는 중이다. / 왜 버려지는지 궁금하겠지만 / 솔직히 나도 / 그 이유를 잘 모른다. / 이런 엄청난 일이 / 왜 생긴 걸까? / 부모님이 자식을 버리다니, / 그건 / 있을 수 없는 일이다. / 아니, / 있으면 안 되는 일이다.

- 출처 : 『엄마는 공부도둑』, 행복한나무, 12~13쪽.

2. 베껴 쓰기

♥ 낭독한 글을 원고지에 옮겨 적는 과정입니다.

♥ 먼저 위쪽 원고지의 희미한 글씨에 덧씌워서 쓰고, 다음으로 아래쪽 빈 원고지에 또박또박 자기 글씨로 씁니다.

그 러 니 아 직 버 려 진 것 은 아 니 지 만
내 처 지 에 서 보 면 버 려 지 고 있 는 중 이
다 . 왜 버 려 지 는 지 궁 금 하 겠 지 만 솔 직 히
나 도 그 이 유 를 잘 모 른 다 . 이 런 엄 청
난 일 이 왜 생 긴 걸 까 ? 부 모 님 이 자
식 을 버 리 다 니 그 건 있 을 수 없 는 일
이 다 . 아 니 , 있 으 면 안 되 는 일 이 다 .

X

3. 긴 글 읽기

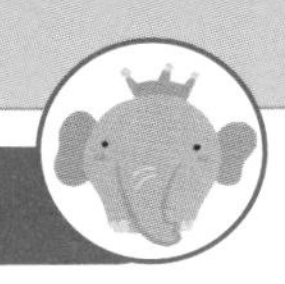

♥ 실제 눈으로 보고, 귀로 듣는 것처럼 장면을 상상하며 읽으세요.

♥ 줄거리의 흐름을 기억하며 읽으세요.

♥ 등장인물의 감정과 생각이 무엇일지 떠올리며 읽으세요.

연주는 싱글벙글 웃으며 마카롱을 먹었다. 나는 연주의 입에서 반짝이는 초록빛을 보며 그 예쁜 언니가 하는 말이 맞을지도 모른다는 생각이 들었다. 그 빛이 사라지길 기다렸다가 조심스럽게 물었다.

"너, 왜 늦었어?"

"엄마 때문……."

연주가 이마를 찡그렸다. 두 손으로 이마와 관자놀이를 누르며 머리를 심하게 흔들었다. 혹시 독이 든 마카롱이었을까? 나는 디저트카페 쪽을 봤다가 다시 연주에게 시선을 돌렸다. 걱정하는 말을 건네려는데, **연주 입에서 뜻밖의 말이 튀어나왔다.**

"엄마 때문이 아니고, 유튜브 보느라 늦었어."

이미 알고 있는 사실이었지만 막상 연주 입으로 들으니 기가 막혔다. 연주 눈이 동그랗게 커졌다. 자기 입에서 나온 말에 자신도 놀란 모양이었다.

"너, 혹시 어제 학원 숙제 때문에 내 부탁 못 들어준다고 했던 것도 거짓말이었어?"

"응. 당연히 거짓말이었지. 네 부탁을 들어주기 싫었거든."

연주는 자기 입에서 나오는 말에 어쩔 줄 몰라 했다.

"지난주 일요일에, 돈을 잃어버려서 아이스크림 사주기로 한 약속 못 지킨다고 한 것도 거짓말이었어?"

"그때 나 돈 있었어. 포토카드 사고 싶어서 거짓말했어."

갈수록 태산이었다. 연주는 자기 입을 손으로 막았다.

"내 입이 왜 이러지?"

나는 일부러 몇 가지 더 물었다. 내 예상대로 지금껏 연주가 댄 핑계는 모두 거짓이었다. 연주 눈이 빨갛게 달아올랐다. 눈에서 언제라도 눈물이 떨어질 듯했다. 그 자리를 피해서 도망치고 싶은 **기색**이 뚜렷했다. 그러나 왜 그런지 몰라도 꼼짝 못 하고 내 질문에 정직하게 답하고 있었다.

"야! 황연주, 너 정말 왜 그래? 왜 맨날 거짓말해?"

내가 가장 궁금했던 질문이었다. 나는 연주가 타고난 거짓말쟁이가 아니길 빌었다.

"그렇게 해야 미연이 너랑 사이가 나빠지지 않을 거라고 생각했어. 괜히 너 기분 나쁘게 하면 네가 날 멀리할까 봐."

나는 무슨 대단한 이유라도 있는 줄 알았다. 그런 이유로 거짓말을 했다니 어이가 없었다. 그러다 연주가 그렇게 된 게 나 때문이었다는 생각이 들었다. 친구로서 무엇을 원하는지 솔직하게 밝히지 않고, 연주가 제멋대로 짐작하게 만든 책임이 내게도 있었다.

"난, 네가 솔직하게 말해주는 게 좋아. 네 거짓말 때문에 오히려 널 못 믿게 돼. 나는 너랑 서로 속이지 않는 좋은 친구로 오래 지내고 싶어."

나는 연주 손을 꼭 잡았고, 연주 눈에서 눈물이 떨어졌다. 디저트카페 앞에서 예쁜 언니가 빙그레 웃는 모습이 보였다. 정말 이상한 언니다. 나중에 저 디저트카페의 비밀을 파헤쳐 봐야겠다.

4. 내용 이해하기

앞의 글을 읽고 다음 질문에 답하세요. (답은 반드시 문장으로 완성하세요.)

Q1 연주는 왜 자기 입에서 나오는 말에 놀라고 있나요?

Q2 연주가 미연이에게 자꾸 거짓말을 하는 이유는 무엇인가요?

Q3 연주의 거짓말에 미연이가 자기도 책임이 있다고 생각하는 이유는 무엇인가요?

Q4 미연이는 왜 디저트카페의 비밀을 파헤치겠다고 마음먹었나요?

5. 어휘와 문장

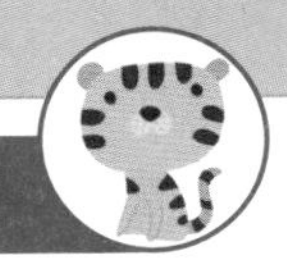

♥ 공부하고 난 뒤에 사전(또는 인터넷)을 찾아서 더 다양한 뜻과 활용법을 익히세요.

문장 속 단어

★ 창문으로 볕이 잘 든다. ⇨ 빛, 볕, 물 따위가 안으로 들어오다.

★ 그 요리는 정성을 많이 들여야 해. ⇨ 어떤 일에 돈, 시간, 노력 등이 쓰이다.

★ 이번에 동아리에 들었어. ⇨ 어떤 모임에 가입해 구성원이 되다.

★ 나이가 많이 들수록 자주 아파. ⇨ 나이가 많아지다.

※ '들다'는 '들고, 들며, 들어서, 드는 … ' 등으로 모양을 바꿔 사용합니다.

한자어 익히기

기색 氣色	기운 기氣, 빛 색色
	(뜻) 마음의 작용으로 얼굴에 드러나는 빛. (예문) 얼굴에 두려워하는 기색이 드러났다.

기후 氣候	기후 위기가 심각해지고 있어.	채색 彩色	넌 그릴 때 채색을 참 잘해.
기분 氣分	지금, 네 기분이 어때?	각색 脚色	이 작품은 웹툰을 각색했어.
향기 香氣	꽃향기를 맡으면 행복해.	안색 顔色	그 말을 듣자 안색이 파래졌다.

♥ 뜻을 정확히 모르겠으면 사전을 찾아보세요.

♥ 같은 한자를 사용하는 다른 낱말도 찾아보세요.

문장 익히기

Q 다음에서 보기의 문장과 뜻이 가장 가까운 것을 고르시오.

<보기> 연주 입에서 뜻밖의 말이 튀어나왔다.

① 연주는 내가 예상했던 말을 했다.

② 연주는 내가 예상하지 못했던 말을 했다.

6. 거침없이 쓰기

- 머뭇거리지 말고 최대한 빨리 쓰는 것이 목표입니다.
- 깊이 생각하지 말고 손이 가는 대로 빠르게 씁니다.
- 솔직하고 편하게 쓰세요. 솔직한 글이 좋은 글입니다.
- '오늘 주제는 ~~이다', '몇 줄 남았다' 등으로 글을 채우지 말고 나의 경험, 생각, 느낌으로 글을 채우세요.
- 빠르게 쓰되 글씨는 알아볼 수 있도록 또박또박 씁니다.
- 시간을 재면서 쓰고, 다 쓰는 데 걸린 시간을 기록합니다.
- 다 쓰고 반드시 글을 소리 내어 읽습니다.

거침없이 쓰기 주제 〉〉 **핑계**

오늘 기록 분 초

확인 (사인)

2주차 수요일

공부한 날 월 일

1. 낭독하기

♥ 글을 소리 내어 읽습니다. (2회 이상 낭독)

♥ 낭독할 때는 ‘ / ’ 표시가 된 데서 끊어 읽습니다.

> 여느 날과 마찬가지로 / 학원을 이곳저곳 다니느라 / 파김치가 되어 / 집에 돌아온 날이었다. / 집에 오자마자 / 엄마를 찾았지만 / 늘 집에 계시던 / 엄마가 없었다. / 엄마가 없으니 / 뭘 해야 할지 모르겠어서 / 멍때리고 있었다. / 게임 생각이 났지만, / 엄마한테 들킬까 봐 / 하지 못했다. - 출처 : 『엄마는 공부도둑』, 행복한나무, 13쪽.

2. 베껴 쓰기

♥ 낭독한 글을 원고지에 옮겨 적는 과정입니다.

♥ 먼저 위쪽 원고지의 희미한 글씨에 덧씌워서 쓰고, 다음으로 아래쪽 빈 원고지에 또박또박 자기 글씨로 씁니다.

 여느 날과 마찬가지로 학원을 이곳저
곳 다니느라 파김치가 되어 집에 돌아
온 날이었다. 집에 오자마자 엄마를 찾
았지만 늘 집에 계시던 엄마가 없으니
뭘 해야 할지 모르겠어서 멍때리고 있
었다. 그러다 게임 생각이 났지만 엄마
한테 들킬까 봐 하지 못했다.

X

3. 긴 글 읽기

♥ 월요일, 화요일에 실린 이야기를 합쳐서 새롭게 쓴 글입니다.

♥ 월요일, 화요일 이야기와 표현과 어휘만 다릅니다. 표현과 어휘가 어떻게 달라졌는지 주목하며 읽으세요.

♥ 이야기는 '장면을 머릿속으로 상상'하며 읽어야 합니다. 상상하는 습관을 잊지 마세요.

약속 시간이 30분이나 지났는데 여전히 연주는 나타나지 않았다. 어디냐고 문자를 보내자 엄마 때문에 늦었다는 답장이 왔다. '엄마 때문에'란 말은 연주가 곤란하면 흔히 쓰는 핑계였다. 엄마가 뭘 어떻게 해서 늦었는지 물었지만 연주는 대충 얼버무렸다. 끈질기게 따지자 '알면서 왜 그래?' 하면서 도리어 화를 냈다. 더 따졌다가는 크게 싸울 것 같아서 알았으니 빨리 오라고 하면서 문자를 그만두었다. 그런데 생각할수록 짜증이 났다.

연주 엄마에게 확인했더니 연주가 유튜브 보다가 늦게 나갔다고 했다. 역시 연주는 이번에도 거짓말을 했다. 연주는 툭하면 나한테 거짓말한다. 깜빡 속기도 하고, 속은 척 넘어간 적도 많다. 이러다 언젠가 연주와 크게 싸우고 절교할지도 모른다는 걱정에 해결책을 고민했지만 선뜻 떠오르지 않았다. 그때 누가 내 어깨를 툭툭 건드렸다. 하얀 옷에 빨간 앞치마를 두른 예쁜 언니가 내게 마카롱 하나를 건넸다.

"전 저쪽에 새로 개업한 디저트카페 주인이에요. 개업 기념으로 나눠주는 선물이랍니다. 이 마카롱에는 특별한 효능이 있어요. 상대방에게 먹이고 소원을 빌면 그 소원이 30분 정도 이루어진답니다. 상대를 해치는 나쁜 소원이나 아주 큰 소원은 안 이루어지지만 작은 소원은 이루어지니까 빌어 보세요."

소원을 들어주는 마카롱이라니 **황당**한 말이었다. 어찌할까 고심하는데 갑자기 나타난 연주가 마카롱을 가져가서 내게 묻지도 않고 먹어버렸다. 짜증이 난 나는 속으로 빌었다.

'연주가 무엇이든 진실만 말하게 해주세요.'

마카롱을 씹는 연주의 입에서 초록빛이 은은하게 퍼지는 것 같았다. 처음엔 희미해서 내가 착각하는 줄 알았는데 진짜였다. 나는 그 빛이 사라지길 기다렸다가 연주에게 왜 늦었는지 물었다. 연주는 선뜻 답을 못했다. 이마를 찡그리고 머리를 심하게 흔들며 괴로워했다. 독이 든 마카롱이었을지도 모른다고 걱정하는데, 연주가 늦은 이유를 **이실직고**(以實直告)했다.

"엄마 때문이 아니고, 유튜브 보느라 늦었어."

그동안 **의문**을 품었던 것들을 잇달아 물었는데 연주는 모두 거짓말이었다고 털어놓았다. 연주는 자기 입에서 진실한 말이 나오자 무척 당황했다. 연주는 곧 울 듯했지만, 끈에 묶인 듯 그 자리에서 벗어나지 못하고 내 질문에 정직하게 답하고 있었다.

"야! 황연주, 너 정말 왜 그래? 왜 맨날 거짓말해?"

내가 가장 궁금했던 질문이었다. 나는 연주가 타고난 거짓말쟁이가 아니길 빌었다.

"그렇게 해야 너랑 사이가 나빠지지 않을 거라고 생각했어. 괜히 너 기분 나쁘게 하면 네가 날 멀리할까 봐."

대단한 이유라도 있는 줄 알았던 나는 무척 **허탈**했다. 그러다 내가 친구로서 무엇을 원하는지 솔직하게 밝히지 않아서 연주가 제멋대로 짐작하게 만들었다는 생각이 들었다.

"난, 네가 솔직하게 말해주는 게 좋아. 네 거짓말 때문에 오히려 널 못 믿게 돼. 나는 너랑 서로 속이지 않는 좋은 친구로 오래 지내고 싶어."

나는 연주 손을 꼭 잡았고, 연주 눈에서 눈물이 떨어졌다. 디저트카페 앞에서 예쁜 언니가 빙그레 웃는 모습이 보였다. 아무래도 나중에 저 언니의 비밀을 **조사**해 봐야겠다.

4. 상상력 발휘하기

♥ 앞의 글을 읽고 다음 질문에 답하세요. (답은 반드시 문장으로 완성하세요.)

♥ 정해진 답이 없습니다. 자유롭게 상상해서 써보세요.

Q1 연주가 미안하다고 말하지 않고 도리어 화를 낸 이유는 무엇일까요?

Q2 딸이 유튜브 보느라 약속에 늦는 모습을 보며 연주 어머니는 어떤 생각을 했을까요?

Q3 내게 이런 마카롱이 생긴다면 어떤 소원을 빌고 싶나요? (큰 소원 안 됨. 30분만 이루어짐.)

Q4 디저트카페의 예쁜 언니에겐 어떤 비밀이 있을까요?

5. 어휘와 문장

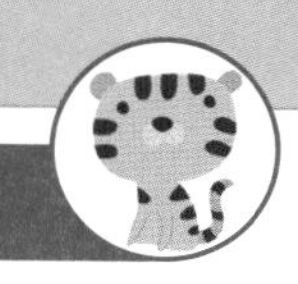

♥ 공부하고 난 뒤에 사전(또는 인터넷)을 찾아서 더 다양한 뜻과 활용법을 익히세요.

한자어 익히기

어휘	뜻	활용 (예시 1을 참고해 예시 2를 채워보세요)	
		예시 1	예시 2
황당 荒唐	말이나 행동 따위가 참되지 않고 터무니없음.	넌 그런 **황당**한 소문을 믿었어?	
의문 疑問	의심스럽게 생각함. 또는 그런 문제나 사실.	공부할 때는 늘 **의문**을 품어야 해.	
허탈 虛脫	몸에 기운이 빠지고 정신이 멍하거나 그러한 상태.	답을 알고 나니 너무나 **허탈**했다.	
조사 調査	내용을 정확히 알기 위해 자세히 살피거나 찾아봄.	철저히 **조사**해서 범인을 잡아야 해.	

사자성어 공부하기

<보기> 연주가 늦은 이유를 **이실직고**(以實直告)했다.

① '이실직고'의 뜻이 무엇인지 찾아보세요.

② '이실직고'를 넣어 문장을 만들어보세요.

6. 거침없이 쓰기

- 머뭇거리지 말고 최대한 빨리 쓰는 것이 목표입니다.
- 깊이 생각하지 말고 손이 가는 대로 빠르게 씁니다.
- 솔직하고 편하게 쓰세요. 솔직한 글이 좋은 글입니다.
- '오늘 주제는 ~~이다', '몇 줄 남았다' 등으로 글을 채우지 말고 나의 경험, 생각, 느낌으로 글을 채우세요.
- 빠르게 쓰되 글씨는 알아볼 수 있도록 또박또박 씁니다.
- 시간을 재면서 쓰고, 다 쓰는 데 걸린 시간을 기록합니다.
- 다 쓰고 반드시 글을 소리 내어 읽습니다.

거침없이 쓰기 주제 〉〉 **의문**

오늘 기록 분 초

확인 (사인)

공부한 날 월 일

1. 낭독하기

- 글을 소리 내어 읽습니다. (2회 이상 낭독)
- 낭독할 때는 ' / ' 표시가 된 데서 끊어 읽습니다.

> 집에 오면 / 엄마가 시키는 대로 / 숙제도 하고, / 공부도 했는데 / 엄마가 안 계시니 / 뭘 해야 할지 / 도무지 / 알 수가 없었다. / 그때 / 학교와 학원에서 내준 / 숙제 생각이 났다. / 그래, / 일단 숙제를 하자. / 그런데 / 숙제가 너무 많아서 / 무엇을 먼저 해야 할지 / 정할 수가 없었다. - 출처 : 『엄마는 공부도둑』, 행복한나무, 13~14쪽.

2. 베껴 쓰기

- 낭독한 글을 원고지에 옮겨 적는 과정입니다.
- 먼저 위쪽 원고지의 희미한 글씨에 덧씌워서 쓰고, 다음으로 아래쪽 빈 원고지에 또박또박 자기 글씨로 씁니다.

집에 오면 엄마가 시키는 대로 숙제
도 하고, 공부도 했는데 엄마가 안 계
시니 뭘 해야 할지 도무지 알 수가
없었다. 그때 학교와 학원에서 내준 숙
제 생각이 났다. 그래, 일단 숙제를 하
자. 그런데 숙제가 너무 많아서 무엇을
먼저 해야 할지 정할 수가 없었다.

X

3. 긴 글 읽기

♥ 글의 흐름을 기억하며 읽으세요.

♥ 다 읽은 뒤에는 내용을 떠올리며 스스로 생각해 보세요.

♥ 한 번만 읽지 말고 꼭 두 번 이상 반복해서 읽으세요.

날씨는 우리 삶에 큰 영향을 끼친다. 옛날에는 대부분 농사를 지었기 때문에 날씨가 중요했다. 농사를 잘 지으려면 그동안 비가 얼마나 내렸는지 알고, 앞으로 얼마나 내릴지 예상하는 것이 특히 중요했다. 비나 눈이 일정한 지역에서 일정한 기간에 내린 물의 양을 강수량이라고 하는데, 옛날부터 강수량을 알기 위해 사람들이 사용한 방법은 땅이 젖은 깊이를 알아보는 것이었다. 비가 내리면 땅을 찔러보거나 파헤쳐서 젖은 정도를 조사한 뒤에 비가 내린 양을 어림했다. 그러나 이 방법은 땅의 특징, 조사 위치나 시기 등에 따라 차이가 나기에 비가 얼마나 내렸는지 정확히 알기 어려웠다.

비가 내린 양을 정확히 알기 위해서는 누가, 언제, 어디서 재더라도 같은 양의 비가 오면 같은 결과가 나오는 **측정** 방법이 필요했다. 그래서 탄생한 발명품이 원통으로 빗물의 양을 측정하는 '측우기'다. 측우기는 세종의 아들인 문종이 발명했다는 기록이 남아 있다.

측우기는 세 부분으로 나뉘는데 빗물을 받는 측우기, 측우기를 받쳐주는 측우대, 빗물의 깊이를 재는 '자'인 주척으로 이루어져 있다. 측우기는 금속으로 만들었고 지름이 약 15㎝, 높이가 약 32㎝다. 측우기 **모양이 원형인 이유는 같은 둘레라도 원형이 가장 많은 물을 담을 수 있기 때문이다**.

'측우대'는 측우기를 단단하게 잡아주는 장치다. 측우대는 측우기를 땅에서 위로 떨어지도록 해서 밖에서 튄 빗물이 측우기 안쪽으로 들어가지 않도록 막는 역할을 한다. '주척'은 빗물의 깊이를 재는 자인데, 눈금만 보면 누구나 쉽게 비가 얼마나 왔는지 알 수 있다. 비가 내린 양을 측정하고 기록하는 규칙도 정해서 모두가 같은 방식으로 강수량을 측정해서 기록하도록 했다.

측우기는 같은 모양과 크기로 만들어 조선의 각 지역에 설치되었다. 각 지역의 관리나 농부들은 측우기에 모인 비의 양을 측정해 언제, 얼마나 비가 내렸는지 기록했다. 흔히 측우기의 뛰어난 점을 이야기할 때 세계 최초의 발명품이란 점에 초점을 맞추는데, 사실은 그보다는 전국 각지에서, 똑같은 기기를, 같은 방식으로, 오랫동안, 꼼꼼하게 기록했다는 점이 더 대단한 것이다. 측우기를 통해 강수량을 꾸준히 기록하면서 농부들은 언제 얼마나 비가 오는지 예상해서 정확한 농사 계획을 수립할 수 있었다.

1639년, 이탈리아의 카스텔리가 스승인 갈릴레오에게 측우기에 대한 편지를 썼는데, 이것이 유럽에서 처음으로 측우기에 대해 적힌 기록이다. 그마저도 실제 사용한 것이 아니라 그냥 이렇게 만들면 된다는 식으로 글로 썼을 뿐이다. 조선의 측우기는 서양보다 200여 년 앞서 발명되었을 뿐 아니라, 국가 전체가 꾸준하게 강수량을 기록했다는 점에서 정말 대단하다고 할 수 있다.

※교과연계 : 초등 4학년 과학 교과서

4. 내용 이해하기

♥ **앞의 글을 읽고 다음 질문에 답하세요.** (답은 반드시 문장으로 완성하세요.)

Q1 땅을 찔러보거나 파헤쳐서 강우량을 알아내는 방법에는 어떤 문제가 있나요?

Q2 측우대는 어떤 기능이 있나요?

Q3 측우기가 세계 최초의 발명품이라는 점보다 더 우수하게 평가받는 점은 무엇인가요?

Q4 강우량을 정확하게 알아내는 것은 왜 중요한가요?

5. 어휘와 문장

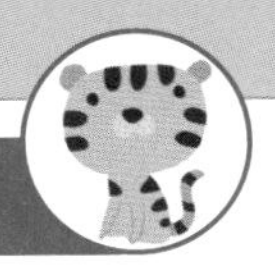

♥ 공부하고 난 뒤에 사전(또는 인터넷)을 찾아서 더 다양한 뜻과 활용법을 익히세요.

한자어 익히기

측정 測定	헤아릴 측測, 정할 정定 (뜻) 길이나 무게 등을 재서 정함. (예문) 지구의 무게는 어떻게 측정하는 걸까?

예측 豫測	모든 일이 내가 예측한 대로 됐어.	측정, 억측, 관측, 목측, 관측소, 망측, 계측, 실측, 측우기, 관측선 등
측량 測量	건물을 세우려면 측량을 제대로 해야 해.	
추측 推測	잘 알지도 모르면서 함부로 추측하지 마.	

♥ 뜻을 정확히 모르겠으면 사전을 찾아보세요.

♥ 같은 한자를 사용하는 다른 낱말도 찾아보세요.

문장 익히기

Q 다음에서 보기의 문장과 뜻이 가장 가까운 것을 고르시오.

<보기> 모양이 원형인 이유는 같은 둘레라도 원형이 가장 많은 물을 담을 수 있기 때문이다.

① 물을 많이 담기에 원형이 가장 적합한 형태는 아니다.

② 둘레가 같다면 가장 많은 물을 담기에 원형이 부적절하다.

③ 둘레가 같다면 가장 많은 물을 담을 수 있는 형태는 원형이다.

④ 둘레가 같을 때 모양을 원형으로 하면 물을 적당하게 담을 수 있다.

6. 거침없이 쓰기

- 머뭇거리지 말고 최대한 빨리 쓰는 것이 목표입니다.
- 깊이 생각하지 말고 손이 가는 대로 빠르게 씁니다.
- 솔직하고 편하게 쓰세요. 솔직한 글이 좋은 글입니다.
- '오늘 주제는 ~~이다', '몇 줄 남았다' 등으로 글을 채우지 말고 나의 경험, 생각, 느낌으로 글을 채우세요.
- 빠르게 쓰되 글씨는 알아볼 수 있도록 또박또박 씁니다.
- 시간을 재면서 쓰고, 다 쓰는 데 걸린 시간을 기록합니다.
- 다 쓰고 반드시 글을 소리 내어 읽습니다.

거침없이 쓰기 주제 〉〉 **예측**

오늘 기록 분 초

확인 (사인)

공부한 날 월 일

1. 낭독하기

♥ 글을 소리 내어 읽습니다. (2회 이상 낭독)

♥ 낭독할 때는 ' / ' 표시가 된 데서 끊어 읽습니다.

"처음엔 이거, / 그다음엔 이거, / 이 숙제는 이렇게." / 하면서 / 일일이 뭘 할지 / 알려주시던 엄마, / 엄마는 / 숙제도 많은데 / 도대체 어딜 가신 걸까? / 짜증이 나서 / 벌러덩 소파에 누워 / 꾸벅꾸벅 조는데 / 어느새 / 엄마가 들어와서 / 나를 노려보고 계셨다. / 엄마는 / 단단히 화난 상태였다. - 출처 : 『엄마는 공부도둑』, 행복한나무, 14쪽.

2. 베껴 쓰기

♥ 낭독한 글을 원고지에 옮겨 적는 과정입니다.

♥ 먼저 위쪽 원고지의 희미한 글씨에 덧씌워서 쓰고, 다음으로 아래쪽 빈 원고지에 또박또박 자기 글씨로 씁니다.

"처음엔 이거, 그다음엔 이거, 이 숙
제는 이렇게." 하면서 일일이 뭘 할지
알려주시던 엄마, 엄마는 숙제도 많은데
도대체 어딜 가신 걸까? 짜증이 나서
벌러덩 소파에 누워 꾸벅꾸벅 조는데
어느새 엄마가 들어와서 나를 노려보고
계셨다. 엄마는 단단히 화난 상태였다.

X

3. 긴 글 읽기

♥ 글의 흐름을 기억하며 읽으세요.

♥ 다 읽은 뒤에는 내용을 떠올리며 스스로 생각해 보세요.

♥ 한 번만 읽지 말고 꼭 두 번 이상 반복해서 읽으세요.

도시 중심지는 도시에서 가장 중요한 지역으로 많은 사람들이 모이고, 다양한 활동이 이루어지는 곳이다. 쉽게 말해 **도시의 '심장'과 같은 곳이다**. 사람이 살아가려면 다양한 것들이 필요한데 살아가기 위해서 없어서는 안 되는 의식주도 있고, 편리한 생활이나 삶을 즐기기 위해 누리는 것들도 있다. 도시 중심지는 다양한 기능을 갖추고 있어서 사람들이 생활하기 편리하다. 여러 가지 일을 한곳에서 해결할 수 있기 때문에 많은 사람들이 모인다. 물건을 사고, 친구를 만나고, 일을 하고, 공부를 하는 모든 일을 도시 중심지에서 할 수 있다.

도시 중심지는 다양한 기능과 역할을 한다. 첫째, 도시 중심지에서는 상업 활동이 활발하게 이루어진다. 사람들이 도시 중심지에 있는 백화점, 대형 마트, 카페, 레스토랑 등에서 물건을 사고팔고, 음식을 먹고, 쇼핑을 한다. 이처럼 상업 활동이 활발하기에 사람들이 많이 모이고, 사람들이 많이 모이기에 상업 활동이 더 활발해진다.

둘째, 도시 중심지는 사람들이 일하는 일자리가 모여 있다. 많은 회사와 사무실이 도시 중심지에 모여 있기에 사람들은 일을 하러 도시 중심지로 모여든다. 큰 빌딩에는 금융, 교통, 통신, 인터넷, 무역 등 다양한 사업을 펼치는 기업들의 사무실이 있다.

셋째, 도시 중심지는 편의시설이 많다. 사람들은 극장, 박물관, 도서관, 공원, 미술관, 영화관 등에 모여서 여가 시간을 보내고 문화생활을 즐긴다. 도시 중심지는 많은 사람들이 오가기 쉽도록 버스 정류장, 지하철역, 기차역 등이 있어서 교통이 편리하다.

넷째, 도시 중심지에는 관공서와 병원이 모여 있다. 시청, 구청, 법원, 경찰서, 소방서, 도서관 등 관공서와 공공기관들이 도시 중심지에 **밀집**해 있고, 건강을 위해 꼭 필요한 병원도 도시 중심지에 많이 있다.

다섯째, 도시 중심지는 교육과 학습을 하기에 편리한 시설이 많다. 학교와 학원이 많아서 사람들이 배우고 공부하기 좋다. 대학교, 도서관, 학원, 초등고등학교 등이 도시 중심지에 자리 잡고 있다.

도시의 중심지는 한 곳이 아니라 여러 곳이다. 시청과 법원 등이 모인 행정의 중심지, 터미널, 기차역 등이 있는 교통 중심지, 대형 쇼핑몰이나 백화점 등이 있는 상업의 중심지, 오래된 건물이나 문화유산이 모인 관광의 중심지 등이 있다. 물론 이러한 기능을 하는 중심지가 한 군데로 겹치거나, 두세 개로 나뉘어 형성되는 경우도 많다.

자신이 사는 도시의 중심지가 어딘지 알고 싶다면 지도를 보고 중요한 시설이 어디에 있는지 찾아보면 된다. 도시 중심지에 직접 가서 중요한 장소를 찾아보고, 사진을 찍거나 노트에 기록해 보면 자신이 사는 도시 중심지를 이해하는 데 도움이 된다.

※교과연계 : 초등 4학년 사회 교과서

4. 내용 이해하기

♥ **앞의 글을 읽고 다음 질문에 답하세요.** (답은 반드시 문장으로 완성하세요.)

Q1 도시 중심지에 많은 사람이 모이는 이유는 무엇인가요?

Q2 행정의 중심지는 어떤 곳인가요?

Q3 왜 도시의 중심지에서 상업 활동이 활발하게 이루어질까요?

Q4 자신이 사는 도시의 중심지가 어디인지 알려면 어떻게 하면 되나요?

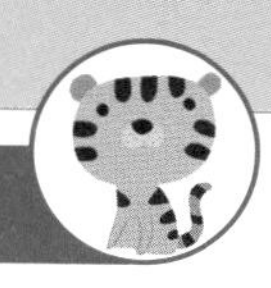

♥ 공부하고 난 뒤에 사전(또는 인터넷)을 찾아서 더 다양한 뜻과 활용법을 익히세요.

한자어 익히기

밀집 密集	빽빽할 밀密, 모을 집密
	(뜻) 빈틈없이 빽빽하게 모임. (예문) 좁은 공간에 많은 사람이 밀집해 있었다.

집중 集中	문제를 풀 때는 집중해야지.	집합, 징집, 모집, 집결, 채집, 응집, 전집, 집적, 결집, 집배원, 운집, 군집, 집권 등
수집 蒐集	동수는 예쁜 돌을 수집한다.	
집단 集團	약한 인간이지만 집단을 이루면 강해진다.	

♥ 뜻을 정확히 모르겠으면 사전을 찾아보세요.

♥ 같은 한자를 사용하는 다른 낱말도 찾아보세요.

문장 익히기

Q 다음 중 보기의 문장과 뜻이 가장 먼 것을 고르시오.

<보기> 도시의 심장과 같은 곳이다.

① 도시의 중심부다.

② 도시에서 심장처럼 중요한 곳이다.

③ 도시에서 심장처럼 뛰는 곳이다.

④ 도시의 핵심 시설이 위치한 지역이다.

6. 거침없이 쓰기

- 머뭇거리지 말고 최대한 빨리 쓰는 것이 목표입니다.
- 깊이 생각하지 말고 손이 가는 대로 빠르게 씁니다.
- 솔직하고 편하게 쓰세요. 솔직한 글이 좋은 글입니다.
- '오늘 주제는 ~~이다', '몇 줄 남았다' 등으로 글을 채우지 말고 나의 경험, 생각, 느낌으로 글을 채우세요.
- 빠르게 쓰되 글씨는 알아볼 수 있도록 또박또박 씁니다.
- 시간을 재면서 쓰고, 다 쓰는 데 걸린 시간을 기록합니다.
- 다 쓰고 반드시 글을 소리 내어 읽습니다.

거침없이 쓰기 주제 〉〉 **집중**

오늘 기록 분 초

확인 (사인)

초등고학년 1단계 제1권

셋째 주

책과 친해지는 방법 ③

책에 흔적을 남기며 읽습니다.

같은 책을 읽어도 인상 깊은 부분, 배운 점, 느낀 점이 다 다르기에 실제로는 저마다 다른 책을 읽는 것이나 마찬가집니다. 책을 읽을 때는 밑줄을 긋고 메모하면서 책과 대화를 나누세요. 그러면 세상에 하나밖에 없는 나만의 책이 탄생합니다.

"여러 사람이 같은 책을 읽을 때 그들이 읽는 책은 정말 같은 책일까?" (미하엘 엔데)

3주차 월요일

공부한 날 월 일

1. 낭독하기

♥ 글을 소리 내어 읽습니다. (2회 이상 낭독)

♥ 낭독할 때는 ' / ' 표시가 된 데서 끊어 읽습니다.

> 난 항상 / 엄마가 시키는 대로 했다. / 숙제하라고 하면 / 숙제하고, / 일기를 쓰라고 하면 / 일기를 쓰고, / 수학 문제를 풀라고 하면 / 수학 문제를 풀고, / 학원에 가라고 하면 / 학원에 갔다. / 그런데 / 그런 나한테 / 왜 스스로 못 하느냐고 / 야단을 치시다니, / 정말 / 어처구니가 없었다. - 출처 : 『엄마는 공부도둑』, 행복한나무, 15쪽.

2. 베껴 쓰기

♥ 낭독한 글을 원고지에 옮겨 적는 과정입니다.

♥ 먼저 위쪽 원고지의 희미한 글씨에 덧씌워서 쓰고, 다음으로 아래쪽 빈 원고지에 또박또박 자기 글씨로 씁니다.

	난		항	상		엄	마	가		시	키	는		대	로		했	다	.
숙	제	하	라	고		하	면		숙	제	하	고	,	일	기	를		쓰	라
고		하	면		일	기	를		쓰	고	,	수	학		문	제	를		풀
라	고		하	면		수	학		문	제	를		풀	고	,	학	원	에	
가	라	고		하	면		학	원	에		갔	다	.	그	런	데		그	런
나	한	테		왜		스	스	로		못		하	느	냐	고		야	단	을
치	시	다	니	,	정	말		어	처	구	니	가		없	었	다	.		

X																			

3. 긴 글 읽기

- 실제 눈으로 보고, 귀로 듣는 것처럼 장면을 상상하며 읽으세요.
- 줄거리의 흐름을 기억하며 읽으세요.
- 등장인물의 감정과 생각이 무엇일지 떠올리며 읽으세요.

경률이는 늘 헤드셋을 쓰고 다닌다. 귀를 열어두어야 하는 수업 시간이 아니면 귀에서 헤드셋을 떼지 않는다. 귀에서 헤드셋을 떼더라도 늘 목에 걸치고 있는다. 그것 때문에 **선생님들께 여러 차례 '지적'을 받았지만 아랑곳하지 않았다**. 나중에는 선생님들도 경률이가 헤드셋을 목에 걸고 있긴 하지만 수업을 잘 듣고, 공부도 잘하기에 내버려두었다. 그렇다 보니 경률이에게는 친구가 없다. 왜냐하면 친구를 사귀려면 서로 대화를 나누고 어울려야 하는데, 늘 헤드셋을 쓰고 있으니 친구들과 가까워질 수 없기 때문이다.

짓궂게 노는 애들도 경률이 헤드셋은 건들지 않는다. 경률이가 제법 몸집이 크기도 하지만 누가 건드리면 불처럼 화를 내기 때문이다. 한번은 전학 온 아이가 경률이 헤드셋을 장난으로 낚아채서 도망친 적이 있었다. 경률이는 벼락같이 뛰어가서 그 아이를 넘어뜨린 뒤에 헤드셋을 빼앗았다. 넘어진 그 아이는 무릎이 까지고 손목을 삐었다. 학교 폭력 문제로 다뤄질 뻔했으나 아이 부모가 문제 삼지 않아서 그냥 넘어갔다.

경률이가 헤드셋을 늘 쓰고 다니게 된 건 남들은 모르는 사연이 있다. 어느 날, 경률이는 행방불명된 아빠를 그리워하며 공터에 있었다. 그곳은 종종 아빠와 놀던 곳이었다. 헤드셋을 쓴 채 아빠를 떠올리는데 이상한 기분이 들었다. 몸이 위로 풍선처럼 뜨는 듯하더니 깊은 어둠으로 빨려드는 것 같았다. 아무것도 보이지 않고, 어떤 소리도 들리지 않고, 손가락 하나도 움직일 수 없었다.

'이게 뭐야? 왜 이러지?'

경률이는 겁이 덜컥 났다. 소리라도 지르려고 했지만, 입이 벌어지지 않았다. 온몸이 꽁꽁 묶인 채 깜깜한 방에 갇힌 듯 답답하고 무서웠다. 시간이 얼마나 흘렀을까? 두려움을 느낄 힘도 없을 만큼 지쳤을 때 좋은 향기가 났다. 긴장하던 몸이 풀리고 손과 발이 움직였다. 경률이는 조심스럽게 눈을 떴다.

"세상에…, 여기가 어디야?"

경률이 눈앞에 꽃밭이 펼쳐져 있었다. 태어나서 처음 보는 온갖 꽃들이 시선이 닿는 모든 곳에 피어 있었다. 발을 딛을 틈조차 없었다. 그렇다고 그 자리에 계속 있을 수는 없었다. 조심스럽게 발을 내딛으려는데 꽃이 벌어지며 발을 디딜 공간을 만들어주었다. 땅에 뿌리를 내리고 자라는 꽃이 저절로 움직이니 무척 신기했다.

경률이는 꽃향기가 이끄는 대로 천천히 걸었다. 꽃들은 계속 경률이를 피해서 발 딛을 곳을 만들어주었다. 어느 순간부터 경률이는 꽃이 자신을 어딘가로 이끈다는 생각이 들었다. 경률이는 자신이 가고 싶은 방향이 아니라 꽃이 이끄는 대로 발을 옮겼다. 그렇게 언덕을 넘자 아담한 집이 나왔다. 경률이는 그 집을 보고 얼음처럼 얼어붙었다.

"말도 안 돼. 아빠와 둘이 놀러 갔던 집이 왜 여기에 있지?"

경률이는 뛰는 가슴을 가라앉히고는 천천히 그 집을 향해 나아갔다. 집 앞 문패가 경률이를 맞이했다. 문패에는 경률이 이름과 함께 한 해 전에 행방불명된 아빠의 이름이 적혀 있었다. 경률이는 조심스럽게 문패에 적힌 아빠의 이름을 쓰다듬었다. 잠시 뒤 나무로 된 현관문이 열렸다.

4. 내용 이해하기

♥ **앞의 글을 읽고 다음 질문에 답하세요.** (답은 반드시 문장으로 완성하세요.)

Q1 경률이에겐 왜 친구가 없나요?

Q2 공터는 경률이에게 어떤 의미가 있는 장소인가요?

Q3 경률이는 아담한 집을 보고 왜 놀랐나요?

Q4 문패에는 어떤 이름이 적혀 있었나요?

5. 어휘와 문장

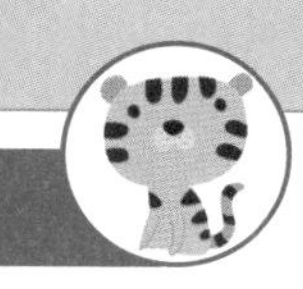

♥ 공부하고 난 뒤에 사전(또는 인터넷)을 찾아서 더 다양한 뜻과 활용법을 익히세요.

문장 속 단어

★ 그쪽을 디딜 때는 조심해야 해. ⇨ 발을 올려놓고 서거나 발로 내리누르다.

★ 우리 팀은 어려움을 딛고 승리했어. ⇨ 어려운 상황 따위를 이겨내다.

★ 밀가루를 발로 디뎌서 반죽을 만들었다. ⇨ 반죽을 보자기로 싸서 발로 밟아 덩어리 짓다.

※ '딛다'는 '디디다'의 줄임말이다.

한자어 익히기

지적 指摘	가리킬 지指, 들춰낼 적摘
	(뜻) 꼭 집어서 가리킴. (예문) 내가 푼 문제를 선생님이 지적할 때마다 속상해.

지시 指示	뭐해? 대장의 지시를 따라!	적발 摘發	드디어 배신자를 적발했어.
지향 指向	행복을 지향하며 살아야 합니다.	적시 摘示	거짓을 적시해서 알리면 안 돼.
지도 指導	선생님이 잘 지도해 주셨어요.	적출 摘出	배 안에서 자라던 혹을 적출했다.

♥ 뜻을 정확히 모르겠으면 사전을 찾아보세요.

♥ 같은 한자를 사용하는 다른 낱말도 찾아보세요.

문장 익히기

Q 다음에서 보기의 문장과 뜻이 가장 가까운 것을 고르시오.

<보기> 선생님들께 여러 차례 '지적'을 받았지만 아랑곳하지 않았다.

① 선생님들께 여러 차례 지적을 받은 뒤에는 태도를 고쳤다.

② 선생님들께 여러 번 지적을 받고도 태도를 고치지 않았다.

6. 거침없이 쓰기

- 머뭇거리지 말고 최대한 빨리 쓰는 것이 목표입니다.
- 깊이 생각하지 말고 손이 가는 대로 빠르게 씁니다.
- 솔직하고 편하게 쓰세요. 솔직한 글이 좋은 글입니다.
- '오늘 주제는 ~~이다', '몇 줄 남았다' 등으로 글을 채우지 말고 나의 경험, 생각, 느낌으로 글을 채우세요.
- 빠르게 쓰되 글씨는 알아볼 수 있도록 또박또박 씁니다.
- 시간을 재면서 쓰고, 다 쓰는 데 걸린 시간을 기록합니다.
- 다 쓰고 반드시 글을 소리 내어 읽습니다.

거침없이 쓰기 주제 〉〉 **꽃밭**

오늘 기록 분 초

확인 (사인)

1. 낭독하기

♥ 글을 소리 내어 읽습니다. (2회 이상 낭독)

♥ 낭독할 때는 ' / ' 표시가 된 데서 끊어 읽습니다.

> 야단맞을 / 준비를 하는데, / 엄마는 / 짙은 한숨을 내쉬더니 / 그냥 방으로 들어갔다. / 다행이다 싶었지만 / 마음이 불편했다. / 차라리 / 야단맞고 끝나는 게 / 더 나을 텐데, / 저렇게 / 한숨 쉬고 / 들어가 버리니 / 더 겁이 났다. / 결국 / 그날 난 처음으로 / 숙제를 안 했다. / 아니, / 숙제를 못 했다. - 출처 : 『엄마는 공부도둑』, 행복한나무, 16쪽.

2. 베껴 쓰기

♥ 낭독한 글을 원고지에 옮겨 적는 과정입니다.

♥ 먼저 위쪽 원고지의 희미한 글씨에 덧씌워서 쓰고, 다음으로 아래쪽 빈 원고지에 또박또박 자기 글씨로 씁니다.

	야	단	맞	을		준	비	를		하	는	데	,	엄	마	는		짙	은
한	숨	을		내	쉬	더	니		그	냥		방	으	로		들	어	갔	다.
다	행	이	다		싶	었	지	만		마	음	이		불	편	했	다	.	차
라	리		야	단	맞	고		끝	나	는		게		더		나	을		텐
데	,		저	렇	게		한	숨		쉬	고		들	어	가		버	리	니
더		겁	이		났	다	.	결	국		그	날		난		처	음	으	로
숙	제	를		안		했	다	.	아	니	,	숙	제	를		못		했	다.

X

3. 긴 글 읽기

♥ 실제 눈으로 보고, 귀로 듣는 것처럼 장면을 상상하며 읽으세요.

♥ 줄거리의 흐름을 기억하며 읽으세요.

♥ 등장인물의 감정과 생각이 무엇일지 떠올리며 읽으세요.

나무 문을 열고 나온 사람은 다름 아닌 아빠였다. 행방불명되기 전, 마지막으로 기억하는 아빠의 모습 그대로였다.

"아빠!"

경률이는 반갑고 놀라서 아빠를 크게 **부르며** 달려갔다. 아빠는 무릎을 살짝 굽히며 경률이를 세게 껴안았다. 경률이는 아빠 품에 안겨 눈물을 흘렸다. 한참 울고 난 뒤에 경률이는 아빠 얼굴을 다시 한번 확인하고 물었다.

"아빠, 어떻게 된 거야? 여긴 어디야?"

아빠는 대답은 않고 빙그레 웃었다. 그러더니 야구공을 꺼내 보였다. 그 공은 아빠와 야구장에 갔다가 경률이가 좋아하는 선수에게 사인을 받은 공이었다.

"우리, 캐치볼 할까?"

아빠는 경률이 손에 딱 맞는 글러브를 건넸다. 경률이와 아빠는 마당에서 야구공을 주고받으며 신나게 놀았다. 그러고는 냇가로 가서 그물로 작은 물고기들을 잡았고, 숯불에 고기도 굽고, 아빠가 끓여주는 라면도 맛있게 먹었다. 아빠와 경률이는 잔디밭에 누워 하늘을 봤다. 짙은 어둠이 드리운 하늘에는 유난히 별이 많았다. 이제껏 본 적 없는 별들이 빼곡하게 하늘에서 빛났다. 아빠는 별을 손끝으로 가리키며 별에 대해 이런저런 설명을 했다. 경률이는 어릴 때부터 별에 대해 아빠에게 설명을 듣는 시간을 가장 좋아했다.

경률이는 문득 아빠와 마지막으로 보냈던 그날을 떠올렸다. 그때도 누워서 밤하늘을 봤고, 아빠에게 별에 대한 이야기를 들었다. 그러나 **그때의 밤하늘은 지금처럼 별이 많지 않았다**. 별자리도 달랐다. 경률이는 아빠와 같이 던지고 받았던 야구공을 손으로 꼭 쥐었다.

"아빠, 내 생각에 여기는 지구가 아닌 것 같아. 아빠 때문에 내가 별자리를 많이 알잖아."

아빠는 하늘의 별을 연구하는 사람이었다.

"이 야구공도 여기 있으면 안 되고. 이건 내 방에 있어야 하는데…."

아빠는 몸을 일으키더니 경률이의 손을 잡았다.

"아빠에겐 지금 지구의 과학으로는 설명할 수 없는 일이 일어났어. 이건 아빠가 늘 바라던 일이었지만, 너와 함께하지 못해 괴로워. 지금 아빠는 당장 너에게 갈 수 없지만, 언젠가 돌아갈 거야. 잘 믿기지 않겠지만 아빠는 늘 경률이를 지켜보고 있어."

"지금 돌아오면 안 돼?"

"지금은 그럴 수 없어. 이건 아빠에게 온 선물이 아니라 **인류**에게 온 선물이거든."

"아빠, 보고 싶어."

아빠는 경률이의 목에 걸린 헤드셋을 머리에 씌워주며 말했다.

"아빠가 네게 나타날 순 없지만 아빠의 목소리를 들려줄 순 있어. 아빠 목소리가 듣고 싶으면 이 헤드셋을 쓰고 있어. 그럼 아빠의 목소리를 가끔은 들을 수 있을 거야. 알았지?"

경률이가 "응!" 하고 대답하려는데 졸음이 쏟아졌다. 아빠와 헤어지기 싫어서 버티려고 했지만 잠을 밀어내지 못했다. 다시 눈을 떴을 때 경률이는 현실로 돌아와 있었다. 그날 이후 경률이는 늘 헤드셋을 목에 걸고 다녔다. 아빠의 목소리가 들리길 기다리며….

4. 내용 이해하기

♥ 앞의 글을 읽고 다음 질문에 답하세요. (답은 반드시 문장으로 완성하세요.)

Q1 경률이는 왜 아빠 품에 안겨서 울었나요?

Q2 경률이는 그곳이 지구가 아니라는 사실을 어떻게 알아차렸나요?

Q3 아빠가 지금 당장 경률이에게 돌아갈 수 없다고 한 이유는 무엇인가요?

Q4 경률이가 헤드셋을 늘고 목에 걸고 다니는 이유는 무엇인가요?

5. 어휘와 문장

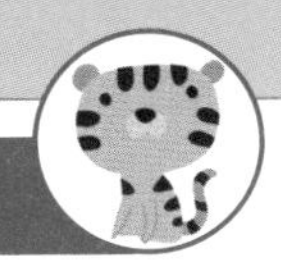

♥ 공부하고 난 뒤에 사전(또는 인터넷)을 찾아서 더 다양한 뜻과 활용법을 익히세요.

문장 속 단어

★ 등굣길에 친구를 큰 소리로 불렀다. ⇨ 말이나 손짓으로 다른 사람을 오거나 보게 하다.

★ 노래를 부르는 솜씨가 참 뛰어나. ⇨ 곡에 맞춰 소리를 내다.

★ 그 사람은 값을 너무 비싸게 불러. ⇨ 값이나 액수 따위를 얼마라고 말하다.

★ 라면을 먹었더니 배가 부르네. ⇨ 먹은 것이 많아 속이 꽉 찬 느낌이 들다.

※ '부르다'는 '부르고, 부르는, 불러, 부르네…' 등으로 모양을 바꿔 사용합니다.

한자어 익히기

인류 人類	사람 인人, 무리 류類
	(뜻) 세계의 모든 사람, 인간 무리 전체를 가리키는 말.
	(예문) 오늘날 인류는 아주 큰 위기에 처했다.

인정 人情	정희는 인정이 참 많아.	분류 分類	식물을 겉모습에 따라 분류해 봐.
애인 愛人	저 애가 네 애인이야?	종류 種類	여러 종류의 반찬을 먹어야지.
타인 他人	타인의 고통을 모른 척했어요.	유사 類似	두 사람은 성격이 참 유사해.

♥ 뜻을 정확히 모르겠으면 사전을 찾아보세요.

♥ 같은 한자를 사용하는 다른 낱말도 찾아보세요.

문장 익히기

Q 다음에서 보기의 문장과 뜻이 가장 가까운 것을 고르시오.

<보기> 그때의 밤하늘은 지금처럼 별이 많지 않았다.

① 지금의 밤하늘은 그때의 밤하늘처럼 별이 아주 많다.

② 지금의 밤하늘은 그때의 밤하늘보다 별이 아주 많다.

6. 거침없이 쓰기

- 머뭇거리지 말고 최대한 빨리 쓰는 것이 목표입니다.
- 깊이 생각하지 말고 손이 가는 대로 빠르게 씁니다.
- 솔직하고 편하게 쓰세요. 솔직한 글이 좋은 글입니다.
- '오늘 주제는 ~~이다', '몇 줄 남았다' 등으로 글을 채우지 말고 나의 경험, 생각, 느낌으로 글을 채우세요.
- 빠르게 쓰되 글씨는 알아볼 수 있도록 또박또박 씁니다.
- 시간을 재면서 쓰고, 다 쓰는 데 걸린 시간을 기록합니다.
- 다 쓰고 반드시 글을 소리 내어 읽습니다.

거침없이 쓰기 주제 〉〉 **목소리**

오늘 기록 분 초

확인 (사인)

3주차 수요일

공부한 날 월 일

1. 낭독하기

♥ 글을 소리 내어 읽습니다. (2회 이상 낭독)

♥ 낭독할 때는 ' / ' 표시가 된 데서 끊어 읽습니다.

몇 번이나 / 그날 일을 / 떠올려 보면서 / 생각하고, / 또 생각해 보았지만, / 엄마가 날 버리려고 / 결심한 이유를 / 짐작조차 해내지 못했다. / 그리고 / 엄마가 나를 / 시골 이모네 집으로 / 보내는 것을 / '보낸다'가 아니라, / 굳이 '버린다'란 낱말로 / 표현한 데에는 / 내 나름 / 이유가 있다. - 출처 : 『엄마는 공부도둑』, 행복한나무, 16쪽.

2. 베껴 쓰기

♥ 낭독한 글을 원고지에 옮겨 적는 과정입니다.

♥ 먼저 위쪽 원고지의 희미한 글씨에 덧씌워서 쓰고, 다음으로 아래쪽 빈 원고지에 또박또박 자기 글씨로 씁니다.

몇 번이나 그날 일을 떠올려 보면서
생각하고, 또 생각해 보았지만, 엄마가
날 버리려고 결심한 이유를 짐작조차
해내지 못했다. 그리고 엄마가 나를 시
골 이모네 집으로 보내는 것을 '보낸다'
가 아니라, 굳이 '버린다'란 낱말로 표현
한 데에는 내 나름 이유가 있다.

X

3. 긴 글 읽기

♥ 월요일, 화요일에 실린 이야기를 합쳐서 새롭게 쓴 글입니다.

♥ 월요일, 화요일 이야기와 표현과 어휘만 다릅니다. 표현과 어휘가 어떻게 달라졌는지 주목하며 읽으세요.

♥ 이야기는 '장면을 머릿속으로 상상'하며 읽어야 합니다. 상상하는 습관을 잊지 마세요.

경률이는 늘 헤드셋을 쓰고 다닌다. 수업 시간이 아니면 귀에서 헤드셋을 떼지 않는다. 귀에서 헤드셋을 떼더라도 늘 목에 걸치고 있다. 선생님과 아이들도 경률이가 헤드셋을 쓰고 다니는 걸 건드리지 않는다. 경률이가 헤드셋을 늘 쓰고 다니게 된 건 사연이 있다.

어느 날, 경률이는 행방불명된 아빠를 그리워하며 공터에 있었다. 헤드셋을 쓴 채 아빠를 떠올리는데 이상한 기분이 들었다. 몸이 위로 풍선처럼 뜨는 듯하더니 깊은 어둠으로 빨려드는 것 같았다. 어떻게든 해보려 했지만 감각이 마비되어 **속수무책**(束手無策)이었다.

무서운 시간이 지나자 좋은 향기가 났다. 긴장하던 몸이 풀리고 손과 발이 움직였다. 경률이가 눈을 뜨자 온갖 꽃들이 활짝 핀 꽃밭이 펼쳐져 있었다. 발을 움직이자 꽃이 저절로 움직이며 밟을 곳을 만들어주었다. 꽃이 이끄는 대로 걷다가 언덕을 넘자 작고 아담한 집이 나왔는데, 그것은 아빠와 둘이서 놀러 갔던 집이었다. 문패에는 경률이와 아빠의 이름이 적혀 있었고, 곧이어 현관문이 열리며 행방불명되었던 아빠가 예전 모습 그대로 나타났다.

경률이는 아빠를 크게 부르며 안겼고, 뜨거운 **재회**의 눈물을 흘렸다.

"아빠, 어떻게 된 거야? 여긴 어디야?"

아빠는 대답은 않고 빙그레 웃더니 야구공을 꺼내 보였다. 그 공은 아빠와 야구장에 갔다가 경률이가 좋아하는 선수에게 사인을 받은 공이었다. 아빠는 경률이 손에 딱 맞는 글러브도 건넸다. 경률이와 아빠는 마당에서 야구공을 주고받으며 신나게 놀았다. 그러고는 물고기도 잡고, 고기도 굽고, 라면도 끓여 먹으며 재밌게 놀았다.

아빠와 경률이는 잔디밭에 누워 하늘을 봤다. 짙은 어둠이 드리운 우주에는 이제껏 본 적 없는 별들이 빼곡하게 빛났다. 아빠가 경률이에게 별에 대한 이야기를 들려주었다. 아빠는 **천문학자**였고, 예전부터 경률이는 아빠가 들려주는 별 이야기를 무척 좋아했다. 경률이는 아빠와 마지막으로 보낸 밤을 떠올렸다. 그때도 아빠에게 별에 대한 이야기를 들었는데 **당시**의 밤하늘에는 지금처럼 별이 많지 않았고, 별자리도 달랐다. 경률이는 아빠와 같이 던지고 받았던 야구공을 손으로 꼭 쥐었다.

"아빠, 내 생각에 여기는 지구가 아닌 것 같아. 아빠 때문에 내가 별자리를 많이 알잖아. 이 야구공도 여기 있으면 안 되고. 이건 내 방에 있어야 하는데…."

"아빠에겐 지금 지구의 과학으로는 설명할 수 없는 일이 일어났어. 이건 아빠가 늘 바라던 일이었지만, 너와 함께하지 못해 괴로워. 지금 아빠는 당장 너에게 갈 수 없지만, 언젠가 돌아갈 거야. 잘 믿기지 않겠지만 아빠는 늘 경률이를 지켜보고 있어."

경률이는 아빠에게 지금 돌아와 달라고 했지만 아빠는 인류에게 중요한 일이라며 당장은 돌아갈 수 없다고 했다. 그러면서 목에 걸쳐 있던 헤드셋을 경률이 머리에 씌워주었다.

"아빠가 네게 나타날 순 없지만 아빠의 목소리를 들려줄 순 있어. 아빠 목소리가 듣고 싶으면 이 헤드셋을 쓰고 있어. 그럼 아빠의 목소리를 가끔은 들을 수 있을 거야. 알았지?"

이어서 경률이는 잠에 빠졌고 깨어났을 때 경률이는 현실로 돌아와 있었다. 이것이 경률이가 늘 헤드셋을 몸에서 떼지 않는 이유다.

4. 상상력 발휘하기

♥ **앞의 글을 읽고 다음 질문에 답하세요.** (답은 반드시 문장으로 완성하세요.)

♥ **정해진 답이 없습니다. 자유롭게 상상해서 써보세요.**

Q1 경률이가 도착한 곳은 어디일까요?

Q2 경률이 아빠는 지금 무슨 일을 하고 있을까요?

Q3 알고 있는 별자리가 있다면 적어보세요. (모르면 조사해서 적으세요.)

Q4 경률이는 꿈을 꾼 것일까요, 아니면 정말 머나먼 곳에 다녀왔을까요?

---

5. 어휘와 문장

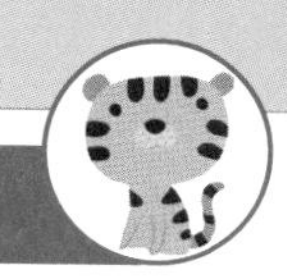

♥ 공부하고 난 뒤에 사전(또는 인터넷)을 찾아서 더 다양한 뜻과 활용법을 익히세요.

한자어 익히기

어휘	뜻	활용 (예시 1을 참고해 예시 2를 채워보세요)	
		예시 1	예시 2
재회 再會	다시 만남. 또는 두 번째 만남.	오래 헤어졌다 재회하니 반가워.	
천문 天文	우주와 별에 깃든 원리나 법칙. 천문학자: 천문을 연구하는 학자.	천문학자는 늘 별을 떠올리며 살아.	
당시 當時	일이 있었던 바로 그때.	당시에는 그 사람에 대해 전혀 몰랐어.	
당장 當場	일이 일어난 바로 뒤의 시간. 눈앞에 닥친 지금 이 시간.	미루지 말고 지금 당장 숙제해!	

사자성어 공부하기

<보기> 어떻게든 해보려 했지만 감각이 마비되어 속수무책(束手無策)이었다.

① '속수무책'의 뜻이 무엇인지 찾아보세요.

② '속수무책'을 넣어 문장을 만들어보세요.

6. 거침없이 쓰기

- 머뭇거리지 말고 최대한 빨리 쓰는 것이 목표입니다.
- 깊이 생각하지 말고 손이 가는 대로 빠르게 씁니다.
- 솔직하고 편하게 쓰세요. 솔직한 글이 좋은 글입니다.
- '오늘 주제는 ~~이다', '몇 줄 남았다' 등으로 글을 채우지 말고 나의 경험, 생각, 느낌으로 글을 채우세요.
- 빠르게 쓰되 글씨는 알아볼 수 있도록 또박또박 씁니다.
- 시간을 재면서 쓰고, 다 쓰는 데 걸린 시간을 기록합니다.
- 다 쓰고 반드시 글을 소리 내어 읽습니다.

거침없이 쓰기 주제 〉〉 **우주**

오늘 기록 분 초

확인 (사인)

공부한 날 월 일

1. 낭독하기

♥ 글을 소리 내어 읽습니다. (2회 이상 낭독)

♥ 낭독할 때는 ' / ' 표시가 된 데서 끊어 읽습니다.

우선 사촌들, / 그중에서도 / 나와 동갑인 유쾌한이 / 가장 큰 문제 덩어리다. / 예전에 / 이모네에 갔을 때 / 쾌한이는 / 자기가 전교 13등이라며 / 잘난 척했다. / 그 순간 / 쾌한이가 다시 보였다. / 그런데 알고 보니 / 한 학년이 / 다해서 14명뿐이었다. / 그러니까 쾌한이는 / 뒤에서 2등이었다. - 출처 : 『엄마는 공부도둑』, 행복한나무, 16쪽.

2. 베껴 쓰기

♥ 낭독한 글을 원고지에 옮겨 적는 과정입니다.

♥ 먼저 위쪽 원고지의 희미한 글씨에 덧씌워서 쓰고, 다음으로 아래쪽 빈 원고지에 또박또박 자기 글씨로 씁니다.

	우	선		사	촌	들	,	그	중	에	서	도		나	와		동	갑	인
유	쾌	한	이		가	장		큰		문	제		덩	어	리	다	.	예	전
에		이	모	네	에		갔	을		때		쾌	한	이	는		자	기	가
전	교	에	서		13	등	이	라	며		잘	난		척	했	다	.	그	런
데		알	고		보	니		한		학	년	이		다	해	서		14	명
뿐	이	었	다	.	그	러	니	까		쾌	한	이	는		뒤	에	서		2
등	이	었	다	.															

X																			

3. 긴 글 읽기

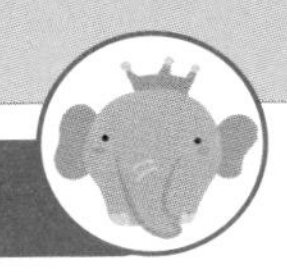

♥ 글의 흐름을 기억하며 읽으세요.

♥ 다 읽은 뒤에는 내용을 떠올리며 스스로 생각해 보세요.

♥ 한 번만 읽지 말고 꼭 두 번 이상 반복해서 읽으세요.

지층은 암석이 쌓여 이루어진 여러 층을 말한다. 햄버거나 샌드위치를 옆에서 보면 여러 층으로 되어 있는데 지층도 이와 같이 여러 개의 층으로 이루어져 있다. 지층은 층마다 색깔이 다른데 이는 지층을 이루는 물질인 자갈, 모래, 흙의 그 종류와 색깔이 지층마다 다르기 때문이다. 지층은 처음에는 수평으로 만들어지는데 시간이 지나면서 힘을 받아 휘어지거나 끊어지기도 한다.

비가 오면 흙, 모래, 자갈은 육지에서 강으로 쓸려 내려온다. 강물에 실려온 흙, 모래, 자갈은 강의 하류나 바다에 쌓인다. 이렇게 쌓인 것을 퇴적물이라고 하고, **퇴적물은 아래에서 위로 쌓인다**. 위쪽 퇴적물의 무게에 눌리면서 아래쪽 퇴적물 알갱이들이 가까워지고, 물에 녹아 있던 여러 물질로 인해 알갱이들이 서로 단단히 엉겨 붙으면서 암석이 된다.

이렇게 물질이 물속에 쌓여서 만들어진 암석을 퇴적암이라고 한다. 이러한 과정이 오랜 시간 반복되면 여러 개의 퇴적암층이 만들어진다. 강바닥이나 바다 바닥에 **형성**된 지층은 지각변동이 일어나면서 위로 올라와 우리 눈에 뜨이게 된다.

퇴적암을 이루는 알갱이의 크기에 따라 이암, 사암, 역암으로 구분한다. 이암은 진흙, 사암은 모래, 역암은 자갈과 모래로 이루어져 있다. 그래서 알갱이의 크기는 이암, 사암, 역암으로 갈수록 커진다. 또한 손으로 만져보면 이암은 부드럽고, 사암은 까슬까슬하고, 역암은 울퉁불퉁하면서 거칠다.

지층 속에서는 과거에 살았던 생물의 모습이나 생활한 흔적이 발견되기도 하는데, 이것을 화석이라고 한다. 화석은 오래된 생물의 뼈나 발자국, 나뭇잎 같은 것이 돌처럼 굳어진 것이다. 생물이 죽은 뒤 퇴적물에 묻혀서 대부분의 화석이 만들어진다. 동물의 뼈, 식물의 줄기처럼 단단한 부분이 있으면 화석이 되기 쉽다. 또한 새가 낳은 알이나 걸어간 발자국처럼 생활하던 흔적이 화석이 되기도 한다.

옛날 사람들이 남긴 유물이나 유적을 통해 당시의 삶이 어땠는지 알아낼 수 있듯이, 화석을 통해 과거에 살았던 생물의 모습이나 특징을 알아낼 수 있다. 우리나라에서는 공룡 알과 발자국 화석이 많이 발견되는데, 특히 남해안 일대에서 공룡 발자국 화석이 많이 발견되고 있다.

지금 지구에는 공룡이 없지만 공룡 화석을 통해 오래전에는 다양한 공룡이 살았다는 사실을 알아냈다. 그뿐 아니라 화석을 통해 공룡의 모습, 종류, 특성, 당시의 자연환경까지 자세하게 알아냈다. 화석에는 공룡처럼 몸집이 큰 동물뿐 아니라 아주 작은 동물과 식물, 동물이 살아 움직인 흔적까지 다양하기에 지층이 형성된 각 시기별로 생명이 어땠는지 알아내는 데 화석이 다양하게 활용되고 있다.

※ 교과연계 : 초등 4학년 과학 교과서

4. 내용 이해하기

♥ **앞의 글을 읽고 다음 질문에 답하세요.** (답은 반드시 문장으로 완성하세요.)

Q1 지층이 층마다 색깔이 다른 이유는 무엇인가요?

Q2 물에 실려온 흙, 모래, 자갈 등이 어떻게 암석이 되나요?

Q3 '화석'은 어떻게 만들어지나요?

Q4 지금 지구에 공룡이 없는데, 과거에 다양한 공룡이 살았다는 사실을 어떻게 알아냈을까요?

5. 어휘와 문장

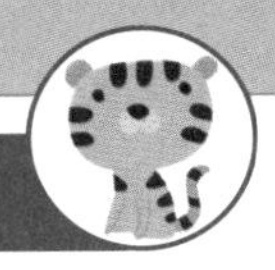

♥ 공부하고 난 뒤에 사전(또는 인터넷)을 찾아서 더 다양한 뜻과 활용법을 익히세요.

한자어 익히기

형성 形成	모양 형形, 이룰 성成
	(뜻) 어떤 모양을 이룸. (예문) 저기 봐. 작은 물길이 **형성**되었어.

형태 形態	아직 **형태**를 다 완성하지 못했어.	도형, 형편, 형상, 조형, 모형, 유형, 변형, 성형, 기형, 형언, 삼각형, 형용, 정형외과 등
형식 形式	좋은 내용에 어울리는 **형식**이 필요해.	
인형 人形	넌, 아직도 **인형**을 좋아하니?	

♥ 뜻을 정확히 모르겠으면 사전을 찾아보세요.

♥ 같은 한자를 사용하는 다른 낱말도 찾아보세요.

문장 익히기

Q 다음에서 보기의 문장과 뜻이 가장 가까운 것을 고르시오.

<보기> 퇴적물은 아래에서 위로 쌓인다.

① 위쪽 퇴적층이 아래쪽 퇴적층보다 먼저 만들어졌다.

② 아래쪽 퇴적층이 위쪽 퇴적층보다 먼저 만들어졌다.

③ 아래쪽과 위쪽의 퇴적층이 동시에 만들어졌다.

6. 거침없이 쓰기

- 머뭇거리지 말고 최대한 빨리 쓰는 것이 목표입니다.
- 깊이 생각하지 말고 손이 가는 대로 빠르게 씁니다.
- 솔직하고 편하게 쓰세요. 솔직한 글이 좋은 글입니다.
- '오늘 주제는 ~~이다', '몇 줄 남았다' 등으로 글을 채우지 말고 나의 경험, 생각, 느낌으로 글을 채우세요.
- 빠르게 쓰되 글씨는 알아볼 수 있도록 또박또박 씁니다.
- 시간을 재면서 쓰고, 다 쓰는 데 걸린 시간을 기록합니다.
- 다 쓰고 반드시 글을 소리 내어 읽습니다.

거침없이 쓰기 주제 〉〉 흙

오늘 기록 분 초

확인 (사인)

3주차 금요일

공부한 날 월 일

1. 낭독하기

♥ 글을 소리 내어 읽습니다. (2회 이상 낭독)

♥ 낭독할 때는 ' / ' 표시가 된 데서 끊어 읽습니다.

그나마 / 집이라도 좋으면 모르겠다. / 그럼 / 휴가 간 셈 치고 / 놀면 될 테니까. / 하지만 / 이모네 시골집은 / 휴가 기분을 내기에는 / 너무 살벌한 곳이다. / 시골이라고 하면 / 깔끔한 전원주택이나 / 평범한 시골집을 / 떠올릴지 모르겠는데, / 이모네 집은 / 그런 집들과는 / 아주 거리가 멀다. - 출처 :『엄마는 공부도둑』, 행복한나무, 17쪽.

2. 베껴 쓰기

♥ 낭독한 글을 원고지에 옮겨 적는 과정입니다.

♥ 먼저 위쪽 원고지의 희미한 글씨에 덧씌워서 쓰고, 다음으로 아래쪽 빈 원고지에 또박또박 자기 글씨로 씁니다.

그나마 집이라도 좋으면 모르겠다. 그
럼 휴가 간 셈 치고 놀면 될 테니까.
하지만 이모네 시골집은 휴가 기분을
내기에는 너무 살벌한 곳이다. 시골이라
고 하면 깔끔한 전원주택이나 평범한
시골집을 떠올릴지 모르겠는데, 이모네
집은 그런 집들과는 아주 거리가 멀다.

X

3. 긴 글 읽기

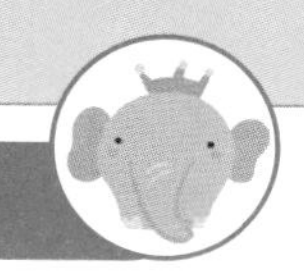

- 글의 흐름을 기억하며 읽으세요.
- 다 읽은 뒤에는 내용을 떠올리며 스스로 생각해 보세요.
- 한 번만 읽지 말고 꼭 두 번 이상 반복해서 읽으세요.

문화유산은 우리 문화의 발전을 위하여 젊은 세대와 **후대**에게 물려줄 가치가 있는 것으로, 오래된 건물, 조각품, 그림, 글씨, 노래, 춤, 전통 음식 등이 있다. 우리나라의 대표적인 문화유산에는 경복궁, 팔만대장경, 한글, 김치 등이 있다.

문화유산은 형태가 있는 것과 없는 것으로 나뉜다. 오래된 건축물이나 그림처럼 눈으로 보고 만질 수 있는 것은 '유형 문화유산'인데, 건축물(경복궁), 책(팔만대장경), 그림(민화) 등이 있다. 음악 연주나 전통춤처럼 눈에 보이지 않는 것은 '무형 문화유산'인데, 전통 음악(판소리), 춤(탈춤), 전통 요리(김치 담그기) 등이 있다.

문화유산이 왜 중요할까? 첫째, 문화유산은 우리의 역사와 문화를 알려준다. 문화유산을 통해 우리는 조상들이 어떻게 살았는지, 무엇을 중요하게 생각했는지 알 수 있다. 예를 들어 경복궁을 보면 옛날에 왕과 왕비가 어떻게 살았는지 알 수 있고, 판소리와 탈춤을 보면 조상들이 어떤 문화를 즐겼는지 알 수 있다.

둘째, 문화유산은 우리의 자랑거리다. 우리는 문화유산을 통해 우리의 독특한 문화와 전통을 자랑할 수 있다. 예를 들어 한글은 세종대왕이 만든 우리의 글자로 세계에 자랑할 소중한 문화유산이다.

셋째, 문화유산은 미래 세대에게 전해줄 귀한 보물이다. 문화유산을 잘 지키고 가꾸면 나중에 우리 후손들이 사용할 수 있다. 예를 들어 한글을 잘 지키고 가꿔서 물려주면 미래 세대가 한글의 편리함을 누릴 수 있다.

문화유산은 매우 소중하기에 잘 지키고 가꿔야 한다. 오래된 건축물은 꼼꼼하게 관리하고, 옛날 책과 같은 유물은 특별한 기술을 사용해 보관한다. 판소리, 탈춤, 풍물놀이, 무명 짜기처럼 보존할 가치가 큰 '무형 문화유산'을 물려받은 사람을 '인간문화재'라고 하는데, 이분들을 국가가 특별히 지원하고 보호한다.

유네스코는 세계적으로 보존 가치가 있는 문화유산을 지정해 보호한다. 우리나라 문화유산 중에도 유네스코가 지정한 문화유산이 있다. 석굴암, 수원 화성 등은 세계 문화유산으로, 팔만대장경, 훈민정음해례본 등은 세계 기록유산으로, 김장 문화 등은 인류 무형 문화유산으로 지정되어 있다.

우리는 문화유산의 중요성을 널리 알리고, **문화유산을 지키는 일에 다 함께 참여해야 한다**. 전통 한옥 모형 만들기, 한복 입기 등을 직접 체험하면 문화유산의 가치를 몸으로 느낄 수 있다. 옛날 사람들이 쓰고 만든 유물을 보관하는 박물관에도 자주 가야 한다. 또한 조상들이 지은 건축물이나 역사적 사건이 일어난 유적지를 방문해 조상의 숨결을 느껴야 한다.

※ 교과연계 : 초등 4학년 사회 교과서

4. 내용 이해하기

♥ 앞의 글을 읽고 다음 질문에 답하세요. (답은 반드시 문장으로 완성하세요.)

Q1 유형 문화유산과 무형 문화유산은 어떻게 다른가요?

Q2 문화유산은 왜 우리의 자랑거리일까요?

Q3 인간문화재란 무엇인가요?

Q4 우리나라 문화유산 중에서 유네스코가 지정한 문화유산에는 무엇이 있나요?

5. 어휘와 문장

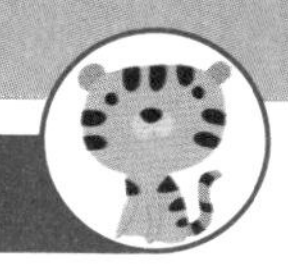

♥ 공부하고 난 뒤에 사전(또는 인터넷)을 찾아서 더 다양한 뜻과 활용법을 익히세요.

한자어 익히기

후대 後代	뒤 후後, 대신할 대代
	(뜻) 뒤에 오는 세대나 시대. (예문) 우리는 후대를 위해 지구 환경을 깨끗하게 지켜야 합니다.

후회 後悔	너, 이러다 나중에 **후회**한다!	오후, 전후, 후예, 후원, 후손, 후렴, 후문, 추후, 후자, 후진, 후퇴, 후면, 후기, 후불제, 후유증, 후백제 등
최후 最後	**최후**까지 살아남은 사람이 이기는 거야.	
후배 後輩	선배답게 **후배**에게 모범을 보이세요.	

♥ 뜻을 정확히 모르겠으면 사전을 찾아보세요.

♥ 같은 한자를 사용하는 다른 낱말도 찾아보세요.

문장 익히기

Q 다음 중 보기의 문장과 뜻이 가장 먼 것을 고르시오.

<보기> 문화유산을 지키는 일에 다 함께 참여해야 한다.

① 모든 사람이 문화유산을 지키는 일에 참여해야 한다.

② 너나없이 다 나서서 문화유산을 지켜야 한다.

③ 다 함께 참여해야 문화유산을 지킬 수 있다.

④ 문화유산을 지키는 일을 남에게 미루지 말고 다 같이 해야 한다.

6. 거침없이 쓰기

- 머뭇거리지 말고 최대한 빨리 쓰는 것이 목표입니다.
- 깊이 생각하지 말고 손이 가는 대로 빠르게 씁니다.
- 솔직하고 편하게 쓰세요. 솔직한 글이 좋은 글입니다.
- '오늘 주제는 ~~이다', '몇 줄 남았다' 등으로 글을 채우지 말고 나의 경험, 생각, 느낌으로 글을 채우세요.
- 빠르게 쓰되 글씨는 알아볼 수 있도록 또박또박 씁니다.
- 시간을 재면서 쓰고, 다 쓰는 데 걸린 시간을 기록합니다.
- 다 쓰고 반드시 글을 소리 내어 읽습니다.

거침없이 쓰기 주제 〉〉 **보물**

오늘 기록 분 초

확인 (사인)

초등고학년 1단계 제1권

넷째 주

책과 친해지는 방법 ④

읽기를 멈추고 골똘히 생각합니다.

아무리 좋은 책도 자기 생각을 거치지 않고 받아들이기만 하면 진짜 자기 것이 되지 못합니다. '생각하지 않는 자여, 그대 이름은 바보!'란 말이 있습니다. 받아들이기만 하고 생각하지 않으면 바보 같은 사람이 됩니다. 책을 읽는 중간중간에 잠시 멈추고, 읽은 내용을 골똘히 생각해 보세요.

"배우고 생각하지 않으면 어둡고, 생각만 하고 배우지 않으면 위태롭다." (공자)

4주차 월요일

공부한 날 월 일

1. 낭독하기

♥ 글을 소리 내어 읽습니다. (2회 이상 낭독)

♥ 낭독할 때는 ' / ' 표시가 된 데서 끊어 읽습니다.

흙벽은 / 이곳저곳 떨어져 나가고, / 군데군데 구멍이 난 / 나무 기둥은 / 수십 년은 된 듯했다. / 벽 한 쪽엔 / 깊은 금이 가 있고, / 낡은 창문들은 / 바람에 날아갈 것만 같았다. / 문도 지붕의 무게에 눌려 / 잘 열리지 않으니 / 집이 / 무너질지도 모른다는 / 걱정이 들었다. - 출처 : 『엄마는 공부도둑』, 행복한나무, 17쪽.

2. 베껴 쓰기

♥ 낭독한 글을 원고지에 옮겨 적는 과정입니다.

♥ 먼저 위쪽 원고지의 희미한 글씨에 덧씌워서 쓰고, 다음으로 아래쪽 빈 원고지에 또박또박 자기 글씨로 씁니다.

흙벽은 이곳저곳 떨어져 나가고, 군데
군데 구멍이 난 나무 기둥은 수십 년
은 된 듯했다. 벽 한 쪽엔 깊은 금이
가 있고, 낡은 창문들은 바람에 날아갈
것만 같았다. 문도 지붕의 무게에 눌려
잘 열리지 않으니 집이 무너질지도 모
른다는 걱정이 들었다.

X

3. 긴 글 읽기

♥ 실제 눈으로 보고, 귀로 듣는 것처럼 장면을 상상하며 읽으세요.

♥ 줄거리의 흐름을 기억하며 읽으세요.

♥ 등장인물의 감정과 생각이 무엇일지 떠올리며 읽으세요.

옛날 옛날 한 옛날에, 붉은 산 아래에 아들 셋을 둔 부자가 살았어요. 부자는 딸을 얻고 싶어서 정성껏 빌었고, 얼마 뒤 부인이 임신했습니다. 부자는 딸을 맞이할 준비를 했습니다. 그러나 태어난 넷째 아기는 또다시 아들이었어요. 부자는 크게 실망했지요.

얼마 뒤 부자는 여우족이 다스리는 곳에 신비한 나무가 있다는 소문을 들었습니다. 딸을 간절히 바란 부자는 사람들이 두려워서 함부로 가지 않은 곳으로 들어갔어요. 그곳에서 21일 동안 정성껏 빌었습니다. 그 정성 때문인지 그렇게 간절히 바라던 딸이 태어났답니다. 부자는 딸에게 온갖 정성과 사랑을 쏟았습니다. 오빠들도 여동생을 예뻐했죠.

그러던 어느 날, 어마어마한 폭풍이 몰아쳤습니다. 붉은 산은 마치 피를 뒤집어쓴 듯이 시뻘겋게 빛났습니다. 비극은 바로 그다음 날부터 일어났습니다. 부잣집은 가축을 많이 키웠는데 가축들이 하루에 한 마리씩 죽었습니다. 겉은 멀쩡한데 입과 항문으로 피를 쏟고 죽어서 나자빠졌답니다. 평생 가축을 키워온 노인들도 그 원인을 알지 못했고, 의원들도 이유를 밝혀내지 못했어요. 하루가 다르게 짐승이 죽으니 부자는 집에서 부리는 하인들을 의심했습니다. 그러나 딱히 의심할 만한 하인은 없었습니다.

큰 짐승이 거의 다 죽어버린 어느 날, 새벽에 일어나 밥을 짓던 하인이 가축들처럼 죽었습니다. 이번에도 죽은 이유는 알 수 없었습니다. 물론 범인도 잡지 못했지요. 동네에는 그 부잣집이 저주를 받았다는 소문이 돌았습니다. 하인들은 두려워서 도망쳤습니다.

보름달이 환히 뜬 어느 날 밤이었습니다. 소 울음을 듣고 셋째 아들이 잠에서 깼습니다. 셋째 아들은 불안한 마음이 들어 밖으로 나갔지요. 셋째 아들은 조심조심 소 울음소리가 나는 곳으로 갔습니다. 역시나 소가 죽어 있었어요. 달빛이 워낙 밝아서 주변이 다 보였습니다. 바닥을 살펴보니 핏자국이 찍혀 있었습니다. 그 핏자국은 여동생이 머무는 건물로 이어졌습니다. 셋째는 **여동생이 걱정되어 달려갔지만, 여동생은 방에 없었습니다**. 셋째는 여동생을 찾아 이곳저곳을 찾아다녔습니다.

그러다 셋째는 봐서는 안 될 장면을 보고 말았지요. 바로 여동생이 짐승 몸에서 뽑은 생간을 먹는 장면이었어요. 자기 눈으로 보고도 믿기 힘들어서 악귀가 여동생으로 변장했다고 믿었습니다. 안타깝게도 셋째 아들은 바로 뒤에 생간을 먹은 여동생이 태연하게 자기 방으로 들어가는 것을 보고 말았답니다.

한 번 봐서는 믿을 수 없었지요. 다음 날 밤에 셋째 아들은 여동생을 지켜봤습니다. 아니나 다를까 여동생은 한밤중에 몰래 나와서 아무렇지 않게 마지막 남은 소를 죽이고, 그 간을 먹어 치웠습니다. 몸놀림이 사람 같지 않았습니다.

셋째 아들은 아버지를 찾아가 자신이 본 대로 알렸습니다. 그러나 아버지는 크게 노하며 셋째 아들을 꾸짖었습니다. 크게 화가 난 아버지는 셋째 아들이 사랑스러운 막내딸을 모함한다고 여겼습니다. **천륜**을 저버린 자는 한 집에 둘 수 없다며 집에서 내쫓아버렸어요. 집에서 내쫓긴 셋째 아들은 하는 수 없이 비렁뱅이가 되어 세상을 떠돌아다녔답니다.

– 출처 : 『달빛소녀와 별의 약속』(행복한나무)에서 발췌 후 수정

4. 내용 이해하기

♥ **앞의 글을 읽고 다음 질문에 답하세요.** (답은 반드시 문장으로 완성하세요.)

Q1 비극은 언제부터 일어났나요?

Q2 부잣집의 하인들은 왜 도망을 쳤나요?

Q3 짐승들은 왜 죽었나요?

Q4 아버지는 셋째 아들을 왜 내쫓았나요?

5. 어휘와 문장

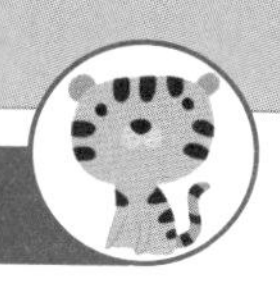

♥ 공부하고 난 뒤에 사전(또는 인터넷)을 찾아서 더 다양한 뜻과 활용법을 익히세요.

문장 속 단어

★ 새집을 **지으니** 기분이 좋아졌다. ⇨ 밥, 옷, 집 따위를 만들다.

★ 멋진 시를 **지어** 발표하고 싶어. ⇨ 글을 쓰다.

★ 영수는 시골에서 농사를 **짓는다**. ⇨ 농사를 하다.

★ 말을 **지어서** 하지 마! ⇨ 거짓으로 꾸미다.

※ '짓다'는 '짓고, 짓는, 지어, 짓네…' 등으로 모양을 바꿔 사용합니다.

한자어 익히기

천륜 天倫	하늘 천天, 인륜 륜倫
	(뜻) 핏줄로 이어진 사이에서 꼭 지켜야 할 도리. 하늘의 인연으로 이어진 관계.
	(예문) 천륜을 저버리면 반드시 큰 벌을 받을 거야.

천사 天使	그 아이는 마치 천사 같았어.	윤리 倫理	윤리에 어긋난 짓은 하지 마.
천재 天才	아이큐가 좋지만, 천재는 아니야.	패륜 悖倫	패륜아는 아주 무섭게 혼내야 해.
천체 天體	망원경으로 천체를 관측했어요.	오륜 五倫	조선시대에는 오륜이 중요했어.

♥ 뜻을 정확히 모르겠으면 사전을 찾아보세요.

♥ 같은 한자를 사용하는 다른 낱말도 찾아보세요.

문장 익히기

Q 다음에서 보기의 문장과 뜻이 가장 가까운 것을 고르시오.

<보기> 여동생이 걱정되어 달려갔지만, 여동생은 방에 없었습니다.

① 여동생 방으로 갔는데, 여동생이 없어서 걱정되었습니다.

② 여동생을 걱정하며 서둘러 갔지만, 여동생이 보이지 않았습니다.

6. 거침없이 쓰기

- 머뭇거리지 말고 최대한 빨리 쓰는 것이 목표입니다.
- 깊이 생각하지 말고 손이 가는 대로 빠르게 씁니다.
- 솔직하고 편하게 쓰세요. 솔직한 글이 좋은 글입니다.
- '오늘 주제는 ~~이다', '몇 줄 남았다' 등으로 글을 채우지 말고 나의 경험, 생각, 느낌으로 글을 채우세요.
- 빠르게 쓰되 글씨는 알아볼 수 있도록 또박또박 씁니다.
- 시간을 재면서 쓰고, 다 쓰는 데 걸린 시간을 기록합니다.
- 다 쓰고 반드시 글을 소리 내어 읽습니다.

거침없이 쓰기 주제 〉〉 **천사**

오늘 기록 분 초

확인 (사인)

1. 낭독하기

♥ 글을 소리 내어 읽습니다. (2회 이상 낭독)

♥ 낭독할 때는 ' / ' 표시가 된 데서 끊어 읽습니다.

이렇게 / 상상 초월인 / 이모네 집에서 / 무식한 사촌들과 지내야 하니 / '보낸다'가 아니라 / '버린다'가 맞는 말이다. / 멀미를 참으며 / 산골을 굽이굽이 돌아 / 도착한 이모네 집은 / 내가 예전에 봤던 / 모습 그대로였다. / 혹시나 했지만 / 역시나 / 곧 / 무너질 듯한 / 분위기였다. - 출처 : 『엄마는 공부도둑』, 행복한나무, 18쪽.

2. 베껴 쓰기

♥ 낭독한 글을 원고지에 옮겨 적는 과정입니다.

♥ 먼저 위쪽 원고지의 희미한 글씨에 덧씌워서 쓰고, 다음으로 아래쪽 빈 원고지에 또박또박 자기 글씨로 씁니다.

	이	렇	게		상	상		초	월	인		이	모	네		집	에	서	
무	식	한		사	촌	들	과		지	내	야		하	니		'보	낸	다'	가
아	니	라		'	버	린	다	'	가		맞	는		말	이	다	.	멀	미
를		참	으	며		산	골	을		굽	이	굽	이		돌	아		도	착
한		이	모	네		집	은		내	가		예	전	에		봤	던		모
습		그	대	로	였	다	.	혹	시	나		했	지	만		역	시	나	
곧		무	너	질		듯	한		분	위	기	였	다	.					

X																			

3. 긴 글 읽기

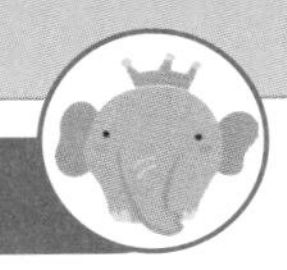

♥ 실제 눈으로 보고, 귀로 듣는 것처럼 장면을 상상하며 읽으세요.

♥ 줄거리의 흐름을 기억하며 읽으세요.

♥ 등장인물의 감정과 생각이 무엇일지 떠올리며 읽으세요.

세상을 떠돌던 셋째는 화려한 꽃밭이 드넓게 펼쳐진 곳에 도착합니다. 싱그러운 향기와 아름다운 색감에 끌려 정신없이 구경하던 셋째 앞에 황금빛 날개를 단 신비한 남자가 나타났습니다. 신비한 남자는 이제 집으로 돌아갈 때가 되었다고 말했어요. 셋째는 자기 사정을 말하며 돌아갈 수 없다고 **하소연**하였습니다. 신비한 남자는 걱정하지 말라고 하면서, 위험이 닥치면 사용하라고 작은 병 세 개를 주었습니다.

셋째는 몇 년 만에 고향으로 향했습니다. 고향 근처에서 만난 주민들은 셋째에게 절대 그곳에 가면 안 된다고 말렸습니다. 셋째는 잠시 마음이 흔들렸으나 허리춤에 찬 병을 믿고 고향으로 들어섰어요. 고향 마을은 끔찍한 상태였습니다. 그곳에서 폐허가 된 집을 지키는 여동생을 만났습니다. 여동생은 반가워하며 맨발로 뛰어나왔습니다. 눈물까지 펑펑 흘리는 여동생을 보며 셋째는 여동생이 원래대로 돌아왔다고 잠시 착각했습니다. 그러나 밥을 지어주겠다며 뒤돌아선 여동생 치맛자락에 묻은 핏자국을 보고 정신이 번쩍 들었습니다. 간을 먹어 치우던 여동생의 모습이 생생히 떠올랐죠. <u>공포로 인해 심장이 얼어붙었습니다</u>. 여동생이 부엌으로 들어간 틈을 타서 셋째는 재빨리 도망쳤어요.

있는 힘껏 도망치는데 어떻게 알았는지 여동생이 쫓아왔습니다. 여동생은 사람 같지 않았습니다. 그 몸놀림이 마치 여우 같았어요. 여동생이 바짝 쫓아와 곧 잡힐 위기가 닥치자 셋째는 푸른 병을 집어 던졌습니다. 병이 터지며 날카로운 가시덩굴이 여동생을 가로막았습니다. 그 틈에 셋째는 힘껏 도망쳤어요. 얼마 지나지 않아 여동생은 가시덩굴을 뚫고 쫓아왔습니다. 곧 잡힐 위기가 닥치자, 이번에는 검은 병을 던졌어요. 엄청난 물이 땅에서 솟아나 여동생을 휘감았습니다. 거대한 물살이 여동생을 집어삼켰지요. 그 틈에 셋째는 힘껏 도망쳤습니다. 여동생은 힘겹게 거센 물살에서 벗어나서 다시 추격해 왔고, 셋째는 마지막으로 붉은 병을 던졌습니다. 갑자기 엄청난 번개가 내리치더니 주변에 불기둥이 치솟았습니다. 거대한 불기둥이 여동생을 집어삼켰습니다. 셋째는 더는 도망치지 않고 불길에 싸여서 죽어가는 여동생을 지켜보았습니다.

여동생이 괴로워하며 죽어갈 때였습니다. 불길 위로 오색 무지개가 내려오더니 여동생을 위로 끌어올렸습니다. 불기둥 위에 뜬 무지개는 여동생을 감싸서 불에 타지 않게 보호했습니다. 불기둥이 사라지자 무지개도 사라지고 여동생은 천천히 땅으로 내려왔습니다. 여동생은 정신을 잃고 땅에

쓰러져 있었습니다. 어찌할 바를 몰라 당황한 셋째 앞에 달빛 같은 소녀가 나타났습니다.

"이젠 괜찮아요. 그 힘은 제가 거두어들였으니 안심하세요."

평화로운 말이었습니다. 두려움과 불안에 떨던 셋째는 곧바로 **평온**해졌습니다. 이윽고 여동생이 깨어났어요. 여동생은 셋째 오빠를 보자마자 여기가 어디냐고 물으며 둘레를 두리번거렸습니다. 셋째 오빠는 여동생을 꼭 껴안으며 눈물을 흘렸지요. 셋째 오빠는 달빛 소녀에게 거듭 감사하다며 머리를 조아렸어요. 그러면서 은인이 누구시냐고 물었습니다. 그러나 달빛 소녀는 달빛을 닮은 웃음만 남기고 말없이 사라져 버렸답니다.

– 출처 : 『달빛 소녀와 별의 약속』(행복한나무)에서 발췌 후 수정

4. 내용 이해하기

♥ **앞의 글을 읽고 다음 질문에 답하세요.** (답은 반드시 문장으로 완성하세요.)

Q1 셋째가 여동생이 원래대로 돌아왔다고 착각한 이유는 무엇인가요?

Q2 검은 병을 던지자 어떤 일이 벌어졌나요?

Q3 여동생이 불길에 싸여 죽어갈 때 어떤 일이 일어났나요?

Q4 신비한 남자와 달빛 소녀는 어떤 점이 달랐나요?

5. 어휘와 문장

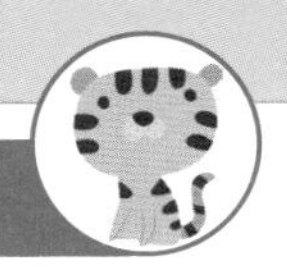

♥ 공부하고 난 뒤에 사전(또는 인터넷)을 찾아서 더 다양한 뜻과 활용법을 익히세요.

문장 속 단어

★ 혹시 알아? 네가 **하소연**하면 엄마 마음이 바뀔지.

★ 윤재는 억울하다며 **하소연**을 늘어놓았다.

★ 아무리 **하소연**해 봤자 소용없어.

⇨ 억울한 일, 잘못된 일, 딱한 사정 따위를 말함.

※ '하소연'을 할 수밖에 없는 상황을 떠올려 보세요.

한자어 익히기

평온 平溫	평평할 평平, 편안할 온溫
	(뜻) 조용하고 편안함.
	(예문) 멀리 휴가를 떠나서 평온하게 지내고 싶어.

평화 平和	전쟁이 끝나고 평화가 오길.	온전 穩全	그 땅을 온전하게 지켜줘.
공평 公平	죄를 지었으면 공평하게 벌을 줘.	온건 穩健	되도록 온건하게 다루는 게 좋아.
평행 平行	두 직선이 평행하네.	온화 穩話	할아버지는 온화하게 말씀하셨어.

♥ 뜻을 정확히 모르겠으면 사전을 찾아보세요.

♥ 같은 한자를 사용하는 다른 낱말도 찾아보세요.

문장 익히기

Q 다음에서 보기의 문장과 뜻이 가장 가까운 것을 고르시오.

<보기> 공포로 인해 심장이 얼어붙었습니다.

① 심장이 얼어붙을 만큼 끔찍하게 무서웠다.

② 공포로 인해 심장이 얼어서 죽게 되었다.

6. 거침없이 쓰기

- 머뭇거리지 말고 최대한 빨리 쓰는 것이 목표입니다.
- 깊이 생각하지 말고 손이 가는 대로 빠르게 씁니다.
- 솔직하고 편하게 쓰세요. 솔직한 글이 좋은 글입니다.
- '오늘 주제는 ~~이다', '몇 줄 남았다' 등으로 글을 채우지 말고 나의 경험, 생각, 느낌으로 글을 채우세요.
- 빠르게 쓰되 글씨는 알아볼 수 있도록 또박또박 씁니다.
- 시간을 재면서 쓰고, 다 쓰는 데 걸린 시간을 기록합니다.
- 다 쓰고 반드시 글을 소리 내어 읽습니다.

거침없이 쓰기 주제 〉〉 **눈물**

오늘 기록 분 초

확인 (사인)

공부한 날 월 일

1. 낭독하기

♥ 글을 소리 내어 읽습니다. (2회 이상 낭독)

♥ 낭독할 때는 ' / ' 표시가 된 데서 끊어 읽습니다.

내가 지낼 / 집이라고 생각하니 / 전에 왔을 때 / 눈여겨보지 않았던 것들이 / 보였다. / 그리 넓지 않은 거실은 / 문을 빼고는 / 온통 / 책장으로 둘러싸여 있었다. / 마치 / 도서관에 들어선 것 같았다. / 예전에는 / 칙칙하다는 느낌만 받았는데, / 이제 보니 / 거실은 책이 주인이었다. - 출처 : 『엄마는 공부도둑』, 행복한나무, 20쪽.

2. 베껴 쓰기

♥ 낭독한 글을 원고지에 옮겨 적는 과정입니다.

♥ 먼저 위쪽 원고지의 희미한 글씨에 덧씌워서 쓰고, 다음으로 아래쪽 빈 원고지에 또박또박 자기 글씨로 씁니다.

내가 지낼 집이라고 생각하니 전에
왔을 때 눈여겨보지 않았던 것들이 보
였다. 그리 넓지 않은 거실은 문을 빼
고는 온통 책장으로 둘러싸여 있었다.
마치 도서관에 들어선 것 같았다. 예전
에는 칙칙하다는 느낌만 받았는데, 이제
보니 거실은 책이 주인이었다.

X

3. 긴 글 읽기

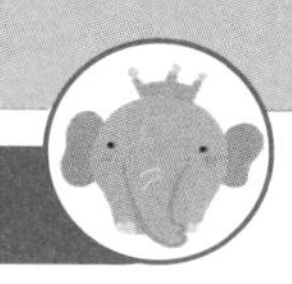

♥ 월요일, 화요일에 실린 이야기를 합쳐서 새롭게 쓴 글입니다.

♥ 월요일, 화요일 이야기와 표현과 어휘만 다릅니다. 표현과 어휘가 어떻게 달라졌는지 주목하며 읽으세요.

♥ 이야기는 '장면을 머릿속으로 상상'하며 읽어야 합니다. 상상하는 습관을 잊지 마세요.

옛날에, 붉은 산 아래에 아들 셋을 둔 부자가 살았어요. 부자는 딸을 얻고 싶었지만 넷째도 아들이었어요. 부자는 사람들이 꺼리는 여우족 영역에 들어가 신비한 나무에게 빌었고, 드디어 딸이 태어났습니다. 딸은 사랑을 받으며 예쁘게 자랐습니다.

폭풍이 몰아치는 밤, 붉은 산이 피를 뒤집어 쓴 듯 빨갛게 빛났고, 그 뒤부터 비극이 일어났어요. 부잣집의 가축이 계속 죽어나갔는데 아무도 그 원인을 알지 못했고, 나중에는 사람도 죽었답니다. 보름달이 환히 뜬 밤, 소 울음을 듣고 셋째 아들이 잠에서 깼습니다. 셋째 아들이 나가봤더니 소가 죽어 있었고, 핏자국은 여동생이 머무는 장소로 이어졌습니다. 여동생을 찾아서 이곳저곳을 다니던 셋째는 여동생이 가축의 간을 뽑아 먹는 장면을 보고 말았어요. 셋째는 믿기지 않아서 악귀가 여동생으로 변장했다고 생각했답니다. 다음 날 밤, 셋째는 여동생을 감시했고, 또다시 소를 죽이고 간을 먹는 모습을 보았습니다.

셋째 아들은 아버지에게 여동생의 비밀을 말했지만, 아버지는 셋째가 여동생을 모함한다면서 **노발대발**(怒發大發)하고는 집에서 내쫓았습니다. 쫓겨난 셋째 아들은 거지가 되어 세상을 떠돌아다녔답니다. 곳곳을 다니던 셋째는 화려한 꽃이 드넓게 펼쳐진 아름다운 **화원**에 도착합니다. 그 화원에서 황금빛 날개를 단 신비한 남자를 만났습니다. 신비한 남자는 위급할 때 사용하라면서 작은 병 세 개를 주고는 이제 집으로 돌아가라고 말합니다.

셋째는 몇 년 만에 고향으로 향했습니다. 고향 근처에 사는 주민들이 가지 말라고 말렸지만 허리춤에 찬 세 개의 병을 믿고 고향으로 들어섰어요. 고향 마을은 아무도 살지 않는 **폐허**였습니다. 여동생은 무너지는 집을 지키고 있었죠. 눈물을 흘리며 반가워하는 여동생을 보며 셋째는 여동생이 원래대로 돌아왔다고 착각했습니다. 그러나 여동생 치맛자락에 묻은 흥건한 핏자국을 보고 간을 먹어 치우던 여동생 모습이 떠올랐습니다. 셋째는 여동생이 부엌으로 들어간 틈을 타서 재빨리 도망쳤어요.

여동생이 쫓아오는데 몸놀림이 마치 여우 같았어요. 여동생에게 잡힐 위기가 닥치자 셋째는 푸른 병을 집어 던졌습니다. 병이 터지며 날카로운 가시덩굴이 여동생을 가로막았습니다. 다시 힘껏 도망쳤지만 다시 잡힐 위기가 닥치자 이번에는 검은 병을 던졌어요. 엄청난 물이 땅에서 솟아나 여동생을 집어삼켰지요. 물살을 벗어난 여동생은 다시 **추격**해 왔고, 셋째는 마지막으로 붉은 병을 던졌습니다. 번개가 내리치며 거대한 불기둥이 여동생을 집어삼켰고 마침내 여동생은 죽어갔습니다. 그때, 갑자기 불길 위로 오색 무지개가 뜨더니 여동생을 위로 끌어올려, 불에 타지 않게 보호했습니다. 불기둥이 사라지자 여동생은 정신을 잃고 땅에 쓰러져 있었습니다. 셋째가 어찌할 바를 모른 채 머뭇거리는데, 온화한 웃음을 머금은 달빛 소녀가 나타났습니다.

"이젠 괜찮아요. 그 힘은 제가 거두어들였으니 안심하세요."

평화로운 말이었습니다. 두려움과 불안에 떨던 셋째는 곧바로 평온해졌습니다. 이윽고 깨어난 여동생은 오빠를 보자마자 여기가 어디냐고 물었습니다. 오빠는 여동생을 꼭 껴안으며 눈물을 흘렸지요. 셋째는 달빛 소녀에게 거듭 감사를 전하며, **은인**의 이름을 물었습니다. 그러나 소녀는 달빛을 닮은 웃음만 남기고 말없이 사라져 버렸답니다.

4. 상상력 발휘하기

♥ **앞의 글을 읽고 다음 질문에 답하세요.** (답은 반드시 문장으로 완성하세요.)

♥ **정해진 답이 없습니다. 자유롭게 상상해서 써보세요.**

Q1 여동생은 왜 간을 빼먹는 짓을 하게 된 걸까요?

Q2 황금빛 날개를 단 신비한 남자는 어떤 존재일까요?

Q3 왜 달빛 소녀는 여동생이 불에 타서 죽게 내버려두지 않고 구했을까요?

Q4 달빛 소녀에게는 어떤 비밀이 있을까요?

5. 어휘와 문장

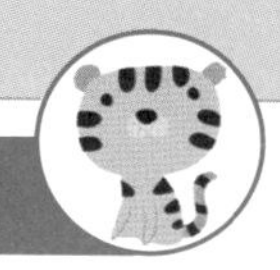

♥ 공부하고 난 뒤에 사전(또는 인터넷)을 찾아서 더 다양한 뜻과 활용법을 익히세요.

한자어 익히기

어휘	뜻	활용 (예시 1을 참고해 예시 2를 채워보세요)	
		예시 1	예시 2
화원 花園	꽃을 심은 동산, 또는 꽃을 파는 가게.	저 전원주택의 화원이 참 예뻐.	
폐허 廢墟	건물이나 시설이 파괴되어 엉망이 된 터.	전쟁이 지나간 자리엔 폐허만 남는다.	
추격 追擊	뒤쫓아 가며 공격함.	열심히 도둑을 추격해서 결국 잡았어.	
은인 恩人	자신에게 은혜를 베푼 사람.	넌 내 생명의 은인이야.	

사자성어 공부하기

<보기> 아버지는 셋째가 여동생을 모함한다면서 노발대발(怒發大發)하고는 집에서 내쫓았습니다.

① '노발대발'의 뜻이 무엇인지 찾아보세요.

---

② '노발대발'을 넣어 문장을 만들어보세요.

---

6. 거침없이 쓰기

- 머뭇거리지 말고 최대한 빨리 쓰는 것이 목표입니다.
- 깊이 생각하지 말고 손이 가는 대로 빠르게 씁니다.
- 솔직하고 편하게 쓰세요. 솔직한 글이 좋은 글입니다.
- '오늘 주제는 ~~이다', '몇 줄 남았다' 등으로 글을 채우지 말고 나의 경험, 생각, 느낌으로 글을 채우세요.
- 빠르게 쓰되 글씨는 알아볼 수 있도록 또박또박 씁니다.
- 시간을 재면서 쓰고, 다 쓰는 데 걸린 시간을 기록합니다.
- 다 쓰고 반드시 글을 소리 내어 읽습니다.

거침없이 쓰기 주제 〉〉 **은인**

오늘 기록 분 초

확인 (사인)

1. 낭독하기

♥ 글을 소리 내어 읽습니다. (2회 이상 낭독)

♥ 낭독할 때는 ' / ' 표시가 된 데서 끊어 읽습니다.

내가 지낼 방은 / 무척 작았다. / 엄마와 이모가 / 대화하는 동안 / 침대에 누워서 기다렸다. / 가만히 / 공부에 대해 / 생각해 봤다. / 이렇게 됐으니 / 앞으로 공부는 / 안 해야겠다는 / 생각이 들었다. / 대화가 길어지기에 / 문틈으로 슬쩍 내다보려는데 / 빛이 번쩍여서 / 깜짝 놀랐다. - 출처 : 『엄마는 공부도둑』, 행복한나무, 21쪽.

2. 베껴 쓰기

♥ 낭독한 글을 원고지에 옮겨 적는 과정입니다.

♥ 먼저 위쪽 원고지의 희미한 글씨에 덧씌워서 쓰고, 다음으로 아래쪽 빈 원고지에 또박또박 자기 글씨로 씁니다.

내가 지낼 방은 무척 작았다. 엄마와
이모가 대화하는 동안 침대에 누워서
기다렸다. 가만히 공부에 대해 생각해
봤다. 이렇게 됐으니 앞으로 공부는 안
해야겠다는 생각이 들었다. 대화가 길어
지기에 문틈으로 슬쩍 내다보려는데 빛
이 번쩍여서 깜짝 놀랐다.

X

3. 긴 글 읽기

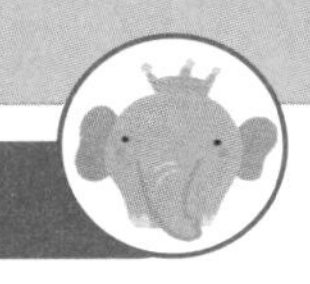

♥ 글의 흐름을 기억하며 읽으세요.

♥ 다 읽은 뒤에는 내용을 떠올리며 스스로 생각해 보세요.

♥ 한 번만 읽지 말고 꼭 두 번 이상 반복해서 읽으세요.

식물은 씨앗에서 싹이 트고, 자라서 잎이 나고 꽃을 피운 다음, 열매를 맺고 다시 씨앗으로 돌아간다. 이 과정을 식물의 한해살이(한살이)라고 한다. 씨앗은 식물의 생명을 품고 있는 작은 알갱이다. 씨앗 안에는 뿌리, 줄기, 잎이 될 부분이 들어 있다. 씨앗이 물을 **흡수**하고 적절한 온도와 빛을 받으면 싹이 튼다. 이처럼 식물이 싹이 트는 과정을 '발아'라고 한다. 씨앗에서 뿌리가 나오고, 그다음에는 껍질이 벗겨지면서 줄기와 잎이 나온다.

싹이 트고 나면 어린 식물이 점점 자라난다. 식물이 자라면서 뿌리가 더 깊게 땅속으로 뻗고, 줄기와 잎이 자란다. 어린 식물은 충분한 영양분과 물을 빨아들이고, 넉넉한 햇빛을 받고 적당한 온도가 갖춰지면 무럭무럭 크게 자란다. 식물이 자라면서 잎은 점점 넓어지고 새잎이 돋아나면서 개수도 많아지며, 줄기는 길고 굵어진다.

식물이 충분히 자라면 꽃을 피운다. 꽃은 씨앗을 만들기 위한 준비를 하는 곳이다. 즉 **꽃은 열매를 맺기 위한 준비 과정이다**. 꽃이 피면 벌과 나비 등에 의해 수분(受粉)이 된다. 수분이 된 꽃이 지고 나면 열매가 맺힌다. 열매 속에는 새로운 씨앗이 생긴다. 이 씨앗은 다시 땅에 떨어져 새로운 식물이 될 준비를 한다. 이 열매가 땅속에서 다시 싹을 틔워 자라면서 새로운 생명이 되고, 식물은 계속해서 그 생명을 이어간다.

식물에는 한해살이와 여러해살이가 있다. 한해살이 식물은 한 해 동안 싹이 나고 열매가 맺는 과정을 거치고 난 뒤에 죽는 식물이다. 한해살이 식물에는 나팔꽃, 벼, 호박, 옥수수, 강낭콩, 강아지풀, 해바라기 등이 있다. 여러해살이 식물은 여러 해를 살면서 한해살이 과정의 일부를 되풀이하는 식물이다. 예를 들어 감나무는 싹이 트고, 꽃이 피고, 열매를 맺은 뒤 잎이 떨어지고 겨울을 난 다음 다시 봄이 되면 새싹이 나온다. 여러해살이 식물에는 민들레, 괭이밥, 제비꽃, 비비추, 국화 등의 풀이 있고, 감나무, 사과나무, 복숭아나무, 무궁화 등의 나무가 있다.

박완서 작가님이 쓴 「옥상의 민들레꽃」이란 소설을 보면 콘크리트로 지어진 아파트 옥상의 귀퉁이에서 자라는 민들레꽃이 나온다. 주인공은 그 민들레의 생명력을 보고 배워야 한다고 생각한다. 이 소설에 나오는 장면처럼 도시의 길을 가다 보면 아스팔트와 콘크리트로 뒤덮인 도로의 틈새에서도 풀이 자라는 모습을 종종 볼 수 있다.

콘크리트 틈새에서도 식물이 자라는 것은 그곳에 작은 흙이 있고, 식물의 씨앗이 있기 때문이다. 식물의 씨앗은 온갖 곳에 뿌려지고, 흙에 파고들어 조건만 갖춰지면 싹을 틔울 준비를 하고 있다. 이처럼 사람이 돈을 은행에 보관하듯 식물이 씨앗을 흙에 보관한다고 하여 식물의 은행인 흙을 '토양종자은행'이라고도 부른다.

✓수분(受粉)

식물에서 바람, 벌, 나비 등에 의해 수술의 화분(花粉)이 암술머리에 옮겨 붙는 것.

※ 교과연계 : 초등 4학년 과학 교과서

4. 내용 이해하기

♥ 앞의 글을 읽고 다음 질문에 답하세요. (답은 반드시 문장으로 완성하세요.)

Q1 '발아'란 무엇인지 설명해 보세요.

Q2 식물이 자라기 위해 필요한 것들이 무엇인지 적어보세요.

Q3 한해살이 식물과 여러해살이 식물은 어떤 차이가 있나요?

Q4 흙을 '토양종자은행'이라고 부르는 이유는 무엇인가요?

5. 어휘와 문장

♥ 공부하고 난 뒤에 사전(또는 인터넷)을 찾아서 더 다양한 뜻과 활용법을 익히세요.

한자어 익히기

흡수 吸收	마실 흡吸, 거둘 수收
	(뜻) 빨아서 거두어들임.
	(예문) 이 게임에서는 상대방 능력을 빠르게 흡수해야 이긴다.

수습 收拾	그 일은 내 손에서 수습할게.	매수, 압수, 수축, 수탈, 몰수, 수입, 수용, 추수, 징수, 회수, 환수, 접수, 영수증, 미수금 등
수확 收穫	이번 가을에는 감을 많이 수확했어.	
수익 收益	조금 더 수익이 높은 일을 해야겠어.	

♥ 뜻을 정확히 모르겠으면 사전을 찾아보세요.

♥ 같은 한자를 사용하는 다른 낱말도 찾아보세요.

문장 익히기

Q 다음에서 보기의 문장과 뜻이 가장 먼 것을 고르시오.

<보기> 꽃은 열매를 맺기 위한 준비 과정이다.

① 꽃이 피는 과정이 있어야 열매가 맺는다.

② 열매가 맺으려면 꽃이 피어야 한다.

③ 열매가 맺으면 꽃이 핀다.

④ 열매가 맺기 전에 꽃이 피는 과정을 거친다.

6. 거침없이 쓰기

- 머뭇거리지 말고 최대한 빨리 쓰는 것이 목표입니다.
- 깊이 생각하지 말고 손이 가는 대로 빠르게 씁니다.
- 솔직하고 편하게 쓰세요. 솔직한 글이 좋은 글입니다.
- '오늘 주제는 ~~이다', '몇 줄 남았다' 등으로 글을 채우지 말고 나의 경험, 생각, 느낌으로 글을 채우세요.
- 빠르게 쓰되 글씨는 알아볼 수 있도록 또박또박 씁니다.
- 시간을 재면서 쓰고, 다 쓰는 데 걸린 시간을 기록합니다.
- 다 쓰고 반드시 글을 소리 내어 읽습니다.

거침없이 쓰기 주제 〉〉 **봄(spring)**

오늘 기록 분 ′ 초

확인 (사인)

공부한 날 월 일

1. 낭독하기

♥ 글을 소리 내어 읽습니다. (2회 이상 낭독)

♥ 낭독할 때는 ' / ' 표시가 된 데서 끊어 읽습니다.

"이모 말 잘 들어." / 엄마는 마지막까지 / 잔소리를 했다. / 엄마 목을 보니 / 조금 전까지 없었던 / 목걸이가 걸려 있었다. / 이상하게 생긴 / 검은색 목걸이였다. / 그렇게 엄마는 / 이모네 집에 / 날 버리고 가버렸다. / 내가 처한 현실이 / 비참하고 끔찍했다.

- 출처 : 『엄마는 공부도둑』, 행복한나무, 22쪽.

2. 베껴 쓰기

♥ 낭독한 글을 원고지에 옮겨 적는 과정입니다.

♥ 먼저 위쪽 원고지의 희미한 글씨에 덧씌워서 쓰고, 다음으로 아래쪽 빈 원고지에 또박또박 자기 글씨로 씁니다.

"이모 말 잘 들어." 엄마는 마지막
까지 잔소리를 했다. 엄마 목을 보니
조금 전까지 없었던 목걸이가 걸려 있
었다. 이상하게 생긴 검은색 목걸이였다.
그렇게 엄마는 이모네 집에 날 버리고
가버렸다. 내가 처한 현실이 비참하고
끔찍했다.

X

3. 긴 글 읽기

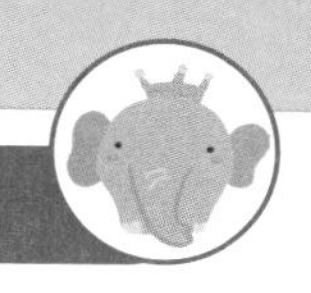

♥ 글의 흐름을 기억하며 읽으세요.

♥ 다 읽은 뒤에는 내용을 떠올리며 스스로 생각해 보세요.

♥ 한 번만 읽지 말고 꼭 두 번 이상 반복해서 읽으세요.

옛날 고려 시대에 문익점이 살았습니다. 문익점은 벼슬 생활을 하던 중 중국 원나라에 가게 되었습니다. 중국을 돌아다니던 문익점은 중국 사람들이 도톰하고 따뜻한 옷을 입는 모습을 보고 놀랐습니다. 그때 당시 고려 사람들이 즐겨 입는 모시옷과 삼베옷은 여름에는 시원했지만 **한파**가 몰아치는 겨울에는 몹시 추웠답니다. **귀족들이 입는 비단옷은 너무 귀하고 비싸서 백성들이 입기는 어려웠어요**.

문익점은 고려 백성들도 중국인들이 입는 따뜻한 옷을 입으면 좋겠다고 생각했습니다. 그래서 원나라에 머무는 동안 그 옷을 만드는 옷감이 무엇인지 조사하다가 '목화'로 만든다는 사실을 알아냈습니다. 문익점은 목화를 만드는 목화씨를 반드시 고려로 가져가야겠다고 다짐했답니다. 원나라에서 3년을 보낸 뒤 고려로 돌아올 때 문익점은 목화씨 열 개를 소매 속에 숨겨서 가져왔어요.

고려로 돌아온 문익점은 바로 고향인 진주로 내려갔습니다. 거기서 장인어른에게 목화에 대해 설명했습니다.

"장인어른, 목화 재배에만 성공하면 우리 백성들도 따뜻한 옷을 입고 추위에 떨지 않으면서 겨울을 보낼 수 있습니다. 그러니 꼭 목화 재배에 성공해야 합니다. 저를 도와주십시오."

장인은 사위가 백성을 사랑하는 마음에 감동했어요. 그래서 정성껏 목화씨를 심고 가꾸었답니다. 원나라에서 가져온 목화씨 열 개를 심었는데 거기서 싹을 틔우고 씨앗을 얻은 것은 단 한 그루였어요. 천만다행이었지요. 거기서 얻은 목화씨를 다시 심어서 많은 목화씨를 얻은 문익점은 그 씨앗을 마을 사람들에게 나눠 주어 목화를 기르게 했어요. 많은 사람들이 목화를 기르면서 목화가 무척 많아졌어요.

그런데 문제는 목화에서 실을 뽑는 법을 모른다는 점이었어요. 실을 뽑아야 그걸로 옷감을 만들고, 옷감으로 따뜻한 옷을 지어 입을 수 있거든요. 문익점은 목화에서 실을 뽑는 법을 배워오지 않은 걸 무척 후회했어요. 목화씨로 실을 뽑는 법을 꾸준히 연구했지만 계속 실패했답니다.

그러다 원나라 스님인 홍원을 만나게 되었어요. 문익점은 홍원에게 목화에서 실을 뽑는 법을 아냐고 물었지요. 홍원은 문익점이 목화씨를 가지고 와서 재배하고, 옷을 만들려는 이유가 백성을 위하는 마음 때문임을 알고 감동했어요. 그래서 기꺼이 목화에서 실을 뽑는 법을 알려주고, 실을 뽑는 데 필요한 도구인 '물레'도 만들어주었답니다. 문익점은 홍원에게 진심을 담아 감사를 전했지요.

드디어 목화에서 실을 뽑게 되자 겨울을 따뜻하게 보낼 수 있는 길이 열렸지요. 문익점은 목화씨를 널리 보급하고, 목화 기르는 법과 물레로 실을 뽑는 법을 온 나라의 백성들에게 알렸어요. 그래서 고려 백성들이 목화에서 실을 뽑아 따뜻한 옷을 만들어서 입고 다니게 되었지요. 문익점 덕분에 많은 백성들이 추위에 떨지 않고 따뜻하게 겨울을 보낼 수 있게 된 것이죠.

문익점은 그 당시에도 많은 사람들의 존경을 받았지만, 시간이 갈수록 더 존경을 받았답니다. 왜냐하면 문익점 덕분에 많은 사람이 겨울을 따뜻하게 보내고, 추위를 견디며 목숨을 지킬 수 있었기 때문이죠. 어렵게 사는 백성들을 위하는 그 마음은 지금의 우리도 꼭 배워야 합니다.

※ 교과연계 : 초등 4학년 사회 교과서

4. 내용 이해하기

♥ **앞의 글을 읽고 다음 질문에 답하세요.** (답은 반드시 문장으로 완성하세요.)

Q1 문익점이 원나라에서 고려로 목화씨를 가져온 이유는 무엇인가요?

Q2 목화를 많이 길렀지만 문제가 생겼어요. 어떤 문제인가요?

Q3 원나라 스님인 '홍원'은 왜 문익점에게 목화에서 실을 뽑는 법을 알려주었나요?

Q4 우리는 문익점에게서 어떤 점을 배워야 하나요?

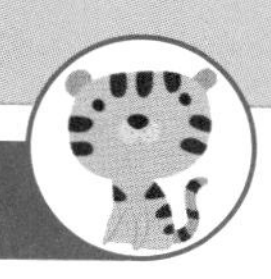

♥ 공부하고 난 뒤에 사전(또는 인터넷)을 찾아서 더 다양한 뜻과 활용법을 익히세요.

한자어 익히기

한파 寒波	추울 한寒, 물결 파波
	(뜻) 겨울철에 온도가 갑자기 내려가면서 들이닥치는 추위. (예문) 지난겨울엔 한파 때문에 정말 고생했어.

인파 人波	명절이 되니 거리에 **인파**가 정말 많아졌어.	파문, 파급, 여파, 파장, 방파제, 세파, 풍파, 횡파, 종파, 파고, 파장, 중력파 등
파도 波濤	높은 **파도**가 칠 때는 바다에 나가지 마.	
파동 波動	실험실에서 **파동**을 정밀하게 측정했다.	

♥ 뜻을 정확히 모르겠으면 사전을 찾아보세요.

♥ 같은 한자를 사용하는 다른 낱말도 찾아보세요.

문장 익히기

Q 다음 중 보기의 문장과 뜻이 가장 먼 것을 고르시오.

<보기> 귀족들이 입는 비단옷은 너무 귀하고 비싸서 백성들이 입기는 어려웠어요.

① 백성들은 비단옷을 거의 입지 못했다.

② 비단옷은 백성들이 사서 입기에는 너무 비쌌다.

③ 비단옷이 너무 귀하고 비싸서 귀족들도 입기 어려웠다.

④ 귀족들이 입는 옷과 백성들이 입는 옷은 달랐다.

6. 거침없이 쓰기

- 머뭇거리지 말고 최대한 빨리 쓰는 것이 목표입니다.
- 깊이 생각하지 말고 손이 가는 대로 빠르게 씁니다.
- 솔직하고 편하게 쓰세요. 솔직한 글이 좋은 글입니다.
- '오늘 주제는 ~~이다', '몇 줄 남았다' 등으로 글을 채우지 말고 나의 경험, 생각, 느낌으로 글을 채우세요.
- 빠르게 쓰되 글씨는 알아볼 수 있도록 또박또박 씁니다.
- 시간을 재면서 쓰고, 다 쓰는 데 걸린 시간을 기록합니다.
- 다 쓰고 반드시 글을 소리 내어 읽습니다.

거침없이 쓰기 주제 〉〉 **추위**

오늘 기록 분 초

확인 (사인)

책과 친해지는 방법 ⑤

하루에 한 번은 낭독합니다.

낭독은 책 읽는 재미를 키우고, 뇌를 풍성하게 자극하며, 기억을 촉진하고, 집중력을 높이며, 감정 표현력을 키웁니다. 또한 읽기 능력을 향상시키고, 발음을 좋게 해주며, 독해력과 글쓰기 실력도 길러줍니다.

옛 선비들은 낭독을 핵심 공부법으로 삼았습니다. 책을 소리 내어 읽어보세요. 책이 새롭게 다가옵니다. 어릴 때처럼 부모님이 직접 책을 낭독해 주어도 좋습니다. 소리로 자극하면 상상력이 풍부해지고, 사고력이 더 잘 길러집니다. 부모님과 아이가 번갈아 가며 낭독하는 것도 좋은 방법입니다.

로봇

색을 칠하라고 했더니
이래도 돼요?
저래도 돼요?
되물어요.

그냥
마음껏 칠하면 되는데
눈치를 보며
머뭇머뭇 조심조심

다른 사람 뜻대로
살아가는 삶은
이렇게
만들어지나 봐요.

1주 월요일

4. 내용 이해하기

Q1. 주인이 연필을 짓뭉개고 물어뜯는 등 심하게 괴롭히기 때문이다.

Q2. 연필 때문에 자기 몸에 구멍이 뚫렸다고 생각했기 때문이다.

Q3. 주인에게 험하게 다뤄지다 몸이 둘로 쪼개질까 봐 걱정하고 있다.

Q4. 자신과 같은 처지에 놓인 친구인 지우개가 있기에 용기를 냈다.

5. 어휘와 문장

①번

1주 화요일

4. 내용 이해하기

Q1. 필통이 꽉 닫혀 있었기 때문에 탈출할 수 없었다.

Q2. 지우개에 꽂힌 연필이 좌우로 몸을 흔들어서 아래로 넘어지게 했다.

Q3. 수업이 시작되면서 선생님이 자리에 앉으라고 해서 위기에서 벗어난다.

Q4. 연필과 지우개의 상처도 안타까워할 줄 아는 착한 아이이다.

5. 어휘와 문장

①번

1주 수요일

4. 상상력 발휘하기

– 정해진 답이 없으므로 자유롭게 상상해서 적으면 됩니다.

5. 어휘와 문장 – 사자성어 공부하기

동병상련 : 같은 병을 앓는 사람끼리 서로 가엾게 여긴다는 뜻으로. 어려운 처지에 있는 사람끼리 서로 가엾게 여김을 이르는 말.

1주 목요일

4. 내용 이해하기

Q1. 갈라파고스는 대륙에서 멀리 떨어진 섬이어서 색다른 생물들이 많이 살았다.

Q2. 먹는 먹이가 달라서 부리 모양도 달라졌다.

Q3. 진화론은 생물이 변화하는 환경에 맞추어 살아가기 위해 변화한다는 이론이다.

Q4. 갈라파고스에 사는 핀치 덕분에 다윈의 진화론이 탄생했기 때문이다.

5. 어휘와 문장

②번

1주 금요일

4. 내용 이해하기

Q1. 200m

Q2. 등고선과 색깔

Q3. 비행기와 배가 하늘과 바다에서 안전하게 다닐 수 있도록 정보를 제공한다.

Q4. 지도가 땅의 모습, 특징, 위치, 목적지 등 다양한 정보를 알려주기 때문이다.

5. 어휘와 문장

④번

답지

2주 월요일

4. 내용 이해하기

Q1. 유튜브를 보다가 약속 시간에 늦었다.

Q2. 연주와 크게 다투고 절교하는 것을 가장 걱정한다.

Q3. 작은 소원을 30분 정도 이루어준다.

Q4. 연주가 진실만 말하게 해달라고 빌었다.

5. 어휘와 문장

②번

2주 화요일

4. 내용 이해하기

Q1. 자기 뜻과 다르게 솔직한 말이 나오기 때문이다.

Q2. 거짓말을 해야 미연이와 사이가 나빠지지 않을 거라고 생각했다.

Q3. 친구로서 무엇을 원하는지 솔직하게 밝히지 않고, 연주가 제멋대로 짐작하게 만들었기 때문이다.

Q4. 연주가 마카롱을 먹은 뒤 소원이 이루어지는 마법 같은 일이 일어났기 때문이다.

5. 어휘와 문장

②번

2주 수요일

4. 상상력 발휘하기

– 정해진 답이 없으므로 자유롭게 상상해서 적으면 됩니다.

5. 어휘와 문장 – 사자성어 공부하기

이실직고 : 사실 그대로 말함.

2주 목요일

4. 내용 이해하기

Q1. 땅의 특징, 조사 위치나 시기 등에 따라 차이가 나기에 강수량을 정확히 파악하기 어렵다.

Q2. 측우기를 단단하게 잡아주고, 밖에서 튄 빗물이 측우기 안으로 들어가지 않도록 막아준다.

Q3. 전국 각지에서, 똑같은 기기를, 같은 방식으로, 오랫동안, 꼼꼼하게 기록했다는 점이 우수하게 평가받는다.

Q4. 날씨가 우리 삶에 큰 영향을 끼치고, 특히 옛날에는 대부분 농사를 지었기에 요즘보다 더 중요했다.

5. 어휘와 문장

③번

2주 금요일

4. 내용 이해하기

Q1. 도시 중심지는 다양한 기능을 갖추고 있어서 사람들이 생활하기 편리하기 때문이다.

Q2. 시청, 구청, 법원, 경찰서 등 행정기관이 모인 중심지를 말한다.

Q3. 많은 사람이 모이면 사고파는 일도 활발해지기 때문이다.

Q4. 지도를 보고 중요한 시설이 어디에 있는지 찾아보거나, 직접 방문해서 조사한다.

5. 어휘와 문장

③번

답지

3주 월요일

4. 내용 이해하기

Q1. 늘 헤드셋을 쓰고 있어서 친구들과 대화를 나누고 어울릴 시간이 없기 때문이다.

Q2. 아빠와 놀던 추억이 깃든 장소다.

Q3. 예전에 아빠와 같이 놀러 갔던 집과 똑같았기 때문이다.

Q4. 경률이와 아빠의 이름이 적혀 있었다.

5. 어휘와 문장

②번

3주 화요일

4. 내용 이해하기

Q1. 행방불명된 아빠를 오랜만에 다시 만났기 때문이다.

Q2. 밤하늘의 별이 지구와 달랐기 때문이다.

Q3. 인류에게 온 선물 같은 기회를 놓칠 수 없기 때문이다.

Q4. 언제 아빠의 목소리가 들릴지 모르기 때문에 늘 걸고 다닌다.

5. 어휘와 문장

②번

3주 수요일

4. 상상력 발휘하기

– 정해진 답이 없으므로 자유롭게 상상해서 적으면 됩니다.

5. 어휘와 문장 – 사자성어 공부하기

속수무책 : 손이 묶인 것처럼 어찌할 방법이 없어 꼼짝을 못 함.

3주 목요일

4. 내용 이해하기

Q1. 지층을 이루는 물질인 자갈, 모래, 흙의 종류와 색깔이 지층마다 다르기 때문이다

Q2. 위쪽 퇴적물의 무게에 눌리면서 아래쪽 퇴적물 알갱이들이 가까워지고, 물에 녹아 있던 여러 물질로 인해 알갱이들이 서로 단단히 엉겨 붙으면서 암석이 된다.

Q3. 생물이 죽거나 생활하던 흔적이 퇴적물에 묻혀서 화석이 된다.

Q4. 화석을 통해 공룡의 모습, 종류, 특성, 당시의 자연환경까지 자세하게 알아냈다.

5. 어휘와 문장

②번

3주 금요일

4. 내용 이해하기

Q1. 눈으로 보고 만질 수 있는 것은 '유형 문화유산'이고, 눈에 보이지 않는 것은 '무형 문화유산'이다.

Q2. 문화유산을 통해 우리의 독특한 문화와 전통을 자랑할 수 있기 때문이다.

Q3. 보존할 가치가 큰 '무형 문화유산'을 물려받은 사람을 말한다.

Q4. 석굴암, 수원 화성, 팔만대장경, 훈민정음해례본, 김장문화 등

5. 어휘와 문장

③번

답지

4주 월요일

4. 내용 확인하기

Q1. 큰 폭풍이 몰아치고 붉은 산이 시뻘겋게 빛난 다음 날부터 비극이 일어났다.

Q2. 가축과 하인이 잇달아 죽으면서 부잣집이 저주받았다는 소문이 돌았기 때문이다.

Q3. 여동생이 간을 빼먹고 죽였다.

Q4. 오빠로서 천륜을 어기고 죄 없는 동생을 모함했다고 의심했기 때문이다.

5. 어휘와 문장

②번

4주 화요일

4. 내용 확인하기

Q1. 눈물까지 펑펑 흘리며 반갑게 맞이했기 때문이다.

Q2. 엄청난 물이 땅에서 솟아나 여동생을 휘감았다.

Q3. 오색 무지개가 내려와 동생을 불길에서 꺼낸 뒤 불에 타지 않게 보호했다.

Q4. 신비한 남자는 여동생을 죽이려 했지만, 달빛 소녀는 여동생을 살려서 악한 힘을 없앴다.

5. 어휘와 문장

①번

4주 수요일

4. 상상력 발휘하기

– 정해진 답이 없으므로 자유롭게 상상해서 적으면 됩니다.

5. 어휘와 문장 – 사자성어 공부하기

노발대발 : 크게 화가 나서 펄펄 뛰며 분노함.

4주 목요일

4. 내용 이해하기

Q1. 씨앗이 싹트는 과정을 발아라고 한다.

Q2. 충분한 영양분과 물, 넉넉한 햇빛, 적당한 온도가 필요하다.

Q3. 한해살이 식물은 한 해 동안 싹이 나고 열매가 맺는 과정을 거친 뒤에 죽지만, 여러해살이 식물은 여러 해를 살면서 한해살이 과정의 일부를 되풀이한다.

Q4. 사람이 돈을 은행에 보관하듯 식물이 씨앗을 흙에 보관하기 때문이다.

5. 어휘와 문장

③번

4주 금요일

4. 내용 확인하기

Q1. 고려 백성들도 중국인들이 입는 따뜻한 옷을 입으면 좋겠다고 생각했기 때문이다.

Q2. 목화에서 옷감을 만들 때 필요한 실을 뽑아내는 기술이 없었다.

Q3. 백성을 위하는 문익점의 진심을 알았기 때문이다.

Q4. 어렵게 사는 백성을 위하는 마음을 배워야 한다.

5. 어휘와 문장

③번